박문각

KB196875

합격을 결정짓는

송성호 필수서

공인중개사법·중개실무 2차

박문각 공인중개사

브랜드만족 1위 박문각

2025

이 책의 차례

PART
01

공인중개사
법령

PART 02

부동산 거래신고
등에 관한 법령

PART 03

중개실무

PART

01

공인중개사법령

Chapter 01 총 칙

제1절 **목적과 성격**

1 목 적

공인중개사법	부동산 거래신고 등에 관한 법률(법률)
공인중개사의 업무에 관한 사항을 정하여 그 전문성을 제고	부동산 거래신고 및 허가에 관한 사항을 정함
부동산중개업의 육성	부동산거래질서의 확립
국민경제에 이바지함	국민경제에 이바지함

주의

아무리 좋은 표현이라 하더라도 법에 규정이 없으면 목적이 아니다.

OX 공인중개사법은 부동산 투기방지를 목적으로 한다.(×)
　　공인중개사법은 공정한 부동산거래질서의 확립을 목적으로 한다.(×)
　　공인중개사법은 국민의 재산권 보호를 목적으로 한다.(×)

2 성 격

(1) **사회법**(= 혼합법 = 중간법))

공법적인 것(**예** 지도·감독, 제재, 중개사무소 개설등록)과 사법적인 것(**예** 중개계약, 손해배상)이 섞여 있는 혼합법이다.

OX 공인중개사법은 공법적인 성격만 띠고 있다.(×)

(2) **기본법**(= 일반법)

부동산중개업에 대해서 기본이 되는 기본법이다.

OX 공인중개사법은 민법에 대해서 기본이 되는 법이다.(×)

(3) **특별법**

민법과 상법에 대해서 특별법이다. 따라서 공인중개사법이 민법, 상법보다 먼저 적용된다.

참고

공인중개사법의 성격

부동산중개업 ──▶ 공인중개사법 ◀── 민법, 상법

기본법 　　　　　　　　 특별법

⑷ 국내법

외국에 있는 중개대상물에 대해서는 적용되지 않는다.

제2절 　**중개대상**

1 중개대상물, 중개대상권리, 중개대상행위 사이의 관계

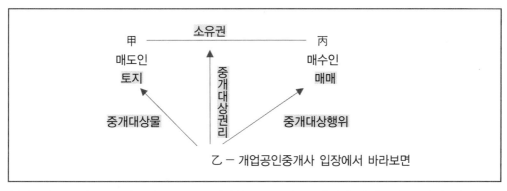

甲과 丙이 토지의 매매계약을 체결하면 甲은 소유권을 丙에게 넘겨준다. 이것을 개업공인
중개사인 乙이 중개를 했다면, 토지는 중개대상물, 소유권은 중개대상권리, 매매는 중개
대상행위에 해당한다. 하나의 거래에서 세 가지가 동시에 등장하므로 함께 학습한다. 중
개대상물, 중개대상권리, 중개대상행위 순서로 학습한다.

2 중개대상물

⑴ 판단기준

① 토지, 건축물 그 밖의 토지 정착물, 입목, 광업재단, 공장재단에 포함되지 않는다면 중
개대상물이 아니다.

예 선박(×), 자동차(×), 항공기(×), 건설기계(×), 권리금(×), 금전채권(×), 영업시설(×), 영업상 노하우(×), 동산(×), 항만운송사업재단(×), 어업재단(×), 어업권(×), 광업권(×), 대토권(×)

OX 개업공인중개사는 권리금계약서를 작성할 수 없다.(○) ⇨ 행정사법 위반으로 처벌된다.

② 위의 다섯 가지(특히 토지, 건축물)에 해당한다면 국유(國有)인지 사유(私有)인지로 판단한다. 국유(國有)라면 중개대상물이 아니다.

예 청와대(×), 숭례문(×), 무주(無主)의 부동산(×), 공도(公道)(×), 하천(×), 호수(×), 바다(×), 온천수(×), 공유수면(×), 하천구역(×), 포락지(×), 빈지(×), 공용수용된 토지(×), 공용수용예정인 토지(○), 개발제한구역 내의 토지(○), 가압류된 토지(○), 처분금지가처분된 토지(○), 미등기 건물(○), 무허가 건물(○), 상속된 토지(○), 경매로 취득한 토지(○), 유치권이 성립된 건물(○), 법정지상권이 성립된 토지(○), 분묘가 수개 있는 임야(○), 사유(私有)하천(○), 사도(私道)(○), 미채굴의 광물(×), 국유재산(×), 행정재산(×), 일반재산(×)

(2) 분양권은 중개대상물에 해당되는가?

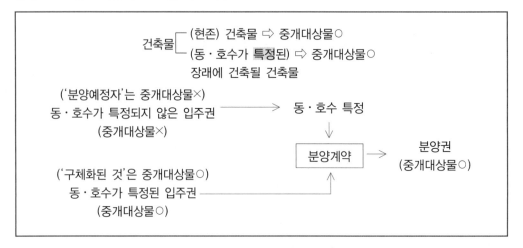

판례는 아파트에서 건축이 완료가 안 됐으면 '동·호수 특정'으로 중개대상물을 판단한다. 분양권은 동·호수가 특정된 상태에서 분양계약을 체결한 것이므로 중개대상물에 해당한다.

입주권은 종류가 두 가지가 있다. 동·호수가 특정된 것은 중개대상물에 해당하고, 동·호수가 특정되지 않은 것은 중개대상물에 해당하지 않는다. '분양예정자'는 동·호수가 특정되지 않은 것을 의미하므로 중개대상물에 해당하지 않는다. 그러나 '구체화된 것'은 동·호수가 특정된 것을 의미하므로 중개대상물에 해당한다. 주의할 것은 분양계약이 체결되지 않았지만 이미 건축이 완료된 아파트(= 현실제공이 가능한 입주권)는 중개대상물에 해당한다.

(3) 일부가 중개대상물에 해당되는가?

```
                      ┌─ 소유권, 저당권
                      │  (중개대상물×)
    분필하지 않은      │
    1필지 토지의 일부 ─┤
                      │
                      └─ 지상권, 지역권, 전세권, 임차권
                         (중개대상물○)
```

분필하지 않은 1필지 토지의 일부를 사고팔거나(소유권) 저당권의 목적으로 할 수는 없다. 그러나 1필지 토지의 일부라도 빌리는 것(지상권, 지역권, 전세권, 임차권)은 된다. 따라서 분필하지 않은 1필지 토지의 일부에 대한 지상권, 지역권, 전세권, 임차권은 중개대상이 될 수 있다. 지역권의 경우 '승역지'가 1필지 일부가 된다. '요역지'는 1필지 전부여야 한다.

(4) 그 밖의 토지 정착물, 입목

① 토지 정착물로서 중개대상물이 되려면 부동산이면서 독립성도 갖고 있어야 한다(부동산 ○ + 독립성○).

    ㉠ 수목의 집단(부동산○ + 독립성×) ⇨ 중개대상물×

    ㉡ 명인방법을 갖춘 수목의 집단(부동산○ + 독립성○) ⇨ 중개대상물○

    ㉢ 명인방법을 갖춘 수목(부동산○ + 독립성○) ⇨ 중개대상물○

② 소유권보존등기를 한 수목의 집단이 입목이다. 명인방법은 수목 한 그루도 가능하지만, 입목은 수목의 집단이어야 한다. 명인방법을 갖춘 수목의 집단(소유권○ + 저당권×)은 소유권만 가능하지만, 입목(소유권○ + 저당권○)은 소유권과 저당권이 모두 가능하다.

    🔥 무엇을 물어보나 잘 살펴라!

```
    수목의 집단      ≠   명인방법을 갖춘    ≠    입 목
   (중개대상물×)          수목의 집단         (소유권○, 저당권○)
                      (소유권○, 저당권×)
```

③ 소유권보존등기를 받을 수 있는 수목의 집단은 입목등록원부에 등록된 것으로 한정한다(선등록 후등기). ⇨ 나무들을 바로 등기하는 거 아니다.

④ 토지등기기록 중 표제부에 입목등기기록을 표시해야 한다. ⇨ 토지등기부 표제부를 보면 입목의 존재여부를 확인할 수 있다.

⑤ 입목에 저당권 설정시 보험에 붙여야 한다. ⇨ 입목은 내구성이 떨어지니까

⑥ 토지소유권 또는 지상권 처분의 효력은 입목에 미치지 아니한다. ⇨ 입목의 독립성 입목을 목적으로 하는 저당권의 효력은 입목을 베어낸 경우에 그 토지로부터 분리된 수목에도 미친다(입목에 설정한 저당권의 효력). ⇨ 안 미치면 사람이 미친다.

(5) 광업재단, 공장재단

① 광업재단, 공장재단도 등기를 한 것이다(소유권○ + 저당권○).

② 광업재단과 공장재단의 구성물(例 토지)은 분리하여 사고팔거나 저당권의 목적이 될 수 없다(소유권×, 저당권×). ▷ 덩어리 채로 거래해라.

③ 공장재단은 10개월 이내에 저당권설정등기를 하지 않으면 효력을 상실한다. ▷ 저당권 설정하려고 만들었으니까

④ 공장재단의 구성물은 동시에 다른 공장재단에 속하지 못한다(교집합은 안 된다).

⑤ 소유자가 다른 공장도 하나의 공장재단으로 만들 수 있다(甲 소유 공장 + 乙 소유 공장 ▷ A공장재단○).

⑥ 공장재단에 속한 토지나 건물은 해당 등기기록 중 관련 구 사항란에 공장재단에 속한 취지를 기재한다(소유권이면 甲구, 전세권이면 乙구).

> **판례**
>
> **세차장구조물이 중개대상물에 해당되는가?**
>
> 1. 중개대상물인 건축물은 **민법상 부동산인 건축물에 한한다**(건축법상 건축물×). 따라서 기둥 + 지붕 + 주벽 이렇게 세 가지가 모두 있어야 한다. 그러나 세차장구조물은 주벽이 없으므로 건축물이 아니다.
> 2. 세차장구조물은 볼트조립방식으로 되어 있어서 **볼트를 풀면 구조물이 쉽게 해체가 되므로** 정착물도 아니고 그냥 영업시설일 뿐이다. 따라서 영업시설 그 자체로는 중개대상물에 해당하지 않는다.

3 중개대상권리

×	△	○
질권(전당포니까) 점유권(점유를 하면 당연히 취득하는 권리이다. 에이~지지)	유치권 (유치권은 법정 담보물권이다.)	소유권 전세권, 지상권 지역권, 임차권 등기되지 않은 임차권 (사고, 파는 것과 빌리는 것은 당연히 중개할 수 있다.)
분묘기지권(거래가 되지 않는다. 귀신 나온다.)	법정지상권 법정 ┌ 성립× └ 이전○	
무체재산권(변리사가 취급하는 것) 例 특허권, 저작권, 상표권		저당권 등 담보물권 例 저당권, 근저당권, 가등기담보권, 금전소비대차에 부수한 저당권 등기된 환매권

OX 등기되지 않은 임차권은 중개의 대상인 권리에 해당한다.(○)

저당권은 중개의 대상인 권리에 해당한다.(○)

금전소비대차에 부수한 저당권은 중개의 대상인 권리에 해당한다.(○)

금전소비대차는 중개의 대상에 해당한다.(×)

근저당권이 설정된 피담보채권은 중개의 대상에 해당한다.(×)

환매권의 행사는 중개의 대상에 해당한다.(×)

참고

저당권은 중개대상권리에 해당되는가?

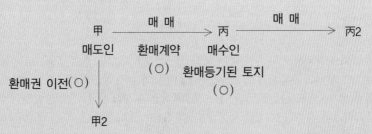

甲　　　　　1억원 금전소비대차　　　　丙
채무자　　　　토지에 저당권 설정　　　　채권자
토지

함께 이루어 짐

丙이 甲에게 1억원을 빌려주면서 甲토지에 저당권을 설정하였다. 돈을 빌려주지 않으면서 저당권만 설정하는 경우는 없다. 저당권 설정은 금전소비대차와 함께 이루어진다. 그러므로 금전소비대차에 부수한 저당권 설정의 알선도 중개대상에 해당한다.

참고

환매권은 중개대상권리에 해당되는가?

甲　　　매 매　　　→　丙　　　매 매　　　→　丙2
매도인　　환매계약　　매수인
　　　　　(○)　환매등기된 토지
환매권 이전(○)　　　　(○)

甲2

'환매계약'도 계약이므로 중개할 수 있다. '환매등기된 토지'도 사유(私有)토지이므로 중개할 수 있다. 환매권도 등기가 되어 있으면 이전(양도)할 수 있고, 계약으로 이전하므로 '환매권 이전'도 중개할 수 있다. 그러나 '환매권 행사'는 계약으로 하는 것이 아니므로 중개할 수 없다(환매권은 형성권이다).

참고

유치권은 중개대상권리에 해당하는가?

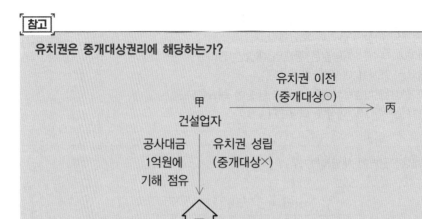

甲이 공사대금채권에 기해 건물을 점유하면 유치권이 성립된다. '유치권 성립'은 당연히 성립하기 때문에 중개할 수 없다(계약으로 성립하는 것이 아님). 甲이 공사대금채권과 유치권을 丙에게 양도하는 것은 계약으로 하므로 '유치권 이전'은 중개할 수 있다.

참고

법정지상권은 중개대상권리에 해당하는가?

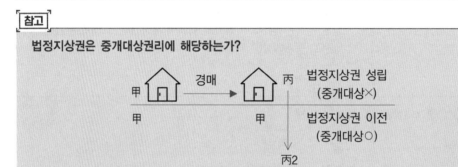

甲소유의 토지와 건물이 있다. 건물에만 저당권을 설정한 후 저당권의 실행으로 건물만 경매로 넘어가면 토지와 건물의 소유자가 달라진다. 낙찰자(丙)가 매각대금을 완납하면 건물의 소유권을 취득하면서 법정지상권도 성립된다(1 + 1). '법정지상권의 성립'은 당연히 성립되기 때문에 중개할 수 없다. 그러나 丙이 丙2에게 법정지상권을 양도할 수 있고, 양도는 계약으로 하므로 '법정지상권의 이전'은 중개할 수 있다.

참고

점유권은 중개대상권리에 해당하는가?

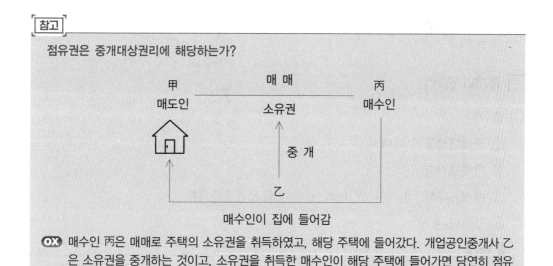

OX 매수인 丙은 매매로 주택의 소유권을 취득하였고, 해당 주택에 들어갔다. 개업공인중개사 乙은 소유권을 중개하는 것이고, 소유권을 취득한 매수인이 해당 주택에 들어가면 당연히 점유권을 취득한다. 따라서 점유권은 중개할 수 있는 권리가 아니다.

4 중개대상행위

계약이 아니면 중개할 수 없다. 따라서 경매, 상속, 합동행위, 단독행위 등은 계약이 아니므로 중개할 수 없다. 그러나 상속된 토지, 경매로 취득한 토지는 사유(私有)토지이므로 중개할 수 있다.

모든 계약을 다 중개할 수 있는 것은 아니다. '증여'나 '사용대차'는 계약이지만 무상계약이므로 중개할 수 없다.

질권설정계약과 질권이전계약도 부동산을 대상으로 하지 않으므로 중개할 수 없다(지지).

유치권설정계약은 중개할 수 없지만 유치권이전계약은 중개할 수 있다(유치권은 △).

참고

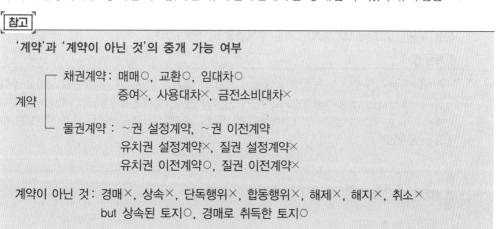

'계약'과 '계약이 아닌 것'의 중개 가능 여부

계약 ┬ 채권계약 : 매매○, 교환○, 임대차○
      │   증여×, 사용대차×, 금전소비대차×
      │
      └ 물권계약 : ~권 설정계약, ~권 이전계약
                   유치권 설정계약×, 질권 설정계약×
                   유치권 이전계약○, 질권 이전계약×

계약이 아닌 것 : 경매×, 상속×, 단독행위×, 합동행위×, 해제×, 해지×, 취소×
               but 상속된 토지○, 경매로 취득한 토지○

제3절 용어의 정의

1 중개와 중개업

(1) 중 개

① 중개대상물에 대해서

② 거래당사자 간의

③ 매매·교환·임대차 그 밖의 권리의 득실변경행위를

④ 알선하는 것

> **주의**
>
> 중개는 보수가 요건×, 무상의 중개○, 개업공인중개사 아닌 자가 중개한 경우 처벌×
> **OX** 거래당사자 간의 매매·교환·임대차하는 행위는 중개에 해당한다.(×) ⇨ 매매·교환·임대차
> 를 알선하는 것이 중개에 해당한다.
> '그 밖의 권리'에 저당권도 포함된다.(○) ⇨ 그 밖의 권리는 중개대상권리를 말한다.

(2) 중개업

① 다른 사람의 의뢰에 의하여(일방만 의뢰가 있어도 O.K.)

② 일정한 보수를 받고(보수를 현실적으로 받지 않고 요구·약속만 한 것은 중개업×)

③ 중개를 업으로 행하는 것(업으로: 계속적, 반복적, 영업적으로 하는 것 ⇨ 사회통념에 따라 객관적 판단)

> **예** 의뢰 有
> 보수를 받고 ┬ 간판을 걸고: 업으로○
> 중개를 1회 └ 우연히: 업으로×
> **OX** 우연한 기회에 1회 중개한 것은 중개업에 해당한다.(×)

> **주의**
>
> 중개업은 보수가 요건○, 무상의 중개업×, 개업공인중개사 아닌 자도 중개업의 요건을 충족시킬 수 있다. 다만, 무등록 중개업으로 3년 – 3천의 처벌○, 토지 전문 중개업○, 컨설팅업에 부수해서 해도 중개업○, 금전소비대차에 부수해서 해도 중개업○, 관공서에서 복지 차원으로 하는 것은 중개업×

> **기억하기 중개업 노래**
>
> 돌리고~ 돌리고~ ♪
> 다른 사람 보수를 중개를 업으로 ♪
> 그러니까 잘해!! ♬♪

2 공인중개사와 개업공인중개사

공인중개사 ≠ 개업공인중개사
중개업을 하면 ⇨ (무등록 중개업)　(등록한 중개업)

(1) 공인중개사

공인중개사 자격을 취득한 자를 말한다.

OX 자격을 취득하고 중개업을 영위하는 자(×), 외국에서 자격을 취득한 자(×)

자격을 취득한 자는 등록여부와 관계없이 공인중개사에 해당한다.(○)

(2) 개업공인중개사

중개사무소의 개설등록을 한 자를 말한다.

OX 자격을 취득하고 중개사무소의 개설등록을 한 자(×), 중개사무소의 개설등록을 한 공인중개사
(×), 개업한 공인중개사(×)

│ 주의 │

부칙상 개업공인중개사는 자격은 없지만 등록은 되어 있으므로 개업공인중개사의 정의에 '자격', '공
인중개사'란 표현이 들어가면 안 된다.

3 소속공인중개사와 중개보조원

(1) 소속공인중개사

공인중개사로서 개업공인중개사에 소속되어 ⇨ 중개업무를 수행하거나 중개업무를 보조
하는 자를 말한다(but 경매관련 일은 못한다).

OX 법인인 개업공인중개사의 공인중개사인 임원 또는 사원은 소속공인중개사에 포함된다.(○)

법인인 개업공인중개사의 모든 임원 또는 사원은 소속공인중개사에 포함된다.(×)

│ 주의 │

① 소속공인중개사는 <u>그 소속</u> 개업공인중개사인 법인의 임원이 될 수 있다.(○)
　⇨ 승진 가능하다.
② 소속공인중개사는 <u>다른</u> 개업공인중개사인 법인의 임원이 될 수 있다.(×)
　⇨ 이중소속이 된다.

(2) 중개보조원

공인중개사가 아닌 자로서 개업공인중개사에 소속되어 ⇨ 중개업무와 관련된 단순한 업무를
보조하는 자를 말한다(중개업무×, 보조 업무의 **예** 현장 안내, 일반서무, 목적지에 도착했습니당~).

OX 중개보조원이라 함은 공인중개사로서 개업공인중개사에 소속되어 개업공인중개사의 중개업무와
관련된 단순한 업무를 보조하는 자를 말한다.(×)

참고

법인에서는 누가 소속공인중개사일까?

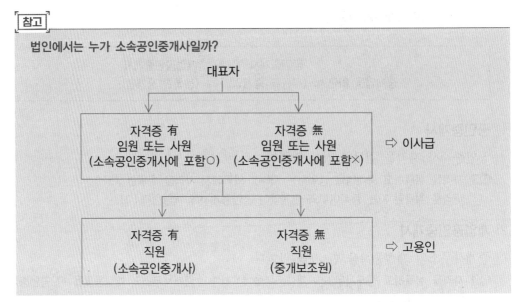

주의 이사급은 법인등기부 기재사항이므로 이사급이 교체가 되면 법인등기부 내용을 바꿔야 한다. 그러나 고용인은 교체가 되면 법인등기부 내용을 바꾸는 것이 아니라 등록관청에 신고하면 된다.

주의

문제를 풀 때 '~라 함은'이라고 나오면 법조문 표현 그대로 나와야 맞는 지문이다.
OX 중개업이라 함은 개업공인중개사가 다른 사람의 의뢰에 의하여 일정한 보수를 받고 중개를 업으로 행하는 것을 말한다.(×) ⇨ '개업공인중개사가'는 불필요한 표현이다.
OX 중개라 함은 중개대상물에 대해서 거래당사자 간의 매매·교환·임대차를 알선하는 것을 말한다.(×) ⇨ 법조문에는 '중개대상물에 대해서 거래당사자 간의 매매·교환·임대차 그 밖의 권리의 득실변경행위를 알선 하는 것을 말한다.'라고 되어 있다.

4 중개행위

(1) 중개행위의 의의

① 개업공인중개사가 거래가 이루어지도록 알선하는 행위이다. 그러나 개업공인중개사가 중개의뢰인과 직접 거래하는 것은 중개행위가 아니라 직접거래 금지행위이다.

② 중개행위는 중개와 같은 의미이다(99% 같은 의미이다). 그러나 판례는 손해배상책임(보험금 청구)과 관련하여 중개행위를 중개보다 넓게 본다.

(2) 중개행위의 성격(= 중개의 성격)

① 보조적 준비행위(거래당사자 입장), 독자적 행위(개업공인중개사 입장), 사실행위(사실 그대로 조사·확인하여 사실 그대로 설명하는 행위). 그러나 거래계약, 중개계약은 법률행위이다.

② 중개행위는 법률행위도 아니고, 대리행위도 아니고, 사자(使者)로서 행위도 아니다.

③ 개업공인중개사는 상인이므로 개업공인중개사가 하는 중개행위는 상행위에 해당한다.

참고

중개행위의 성격

甲이 乙에게 상가 임차의뢰를 했다. 乙이 중개해서 상가임대차를 성사시켰고, 乙은 甲에게 중개보수를 청구했다. 그러나 甲은 중개보수에 대해서 서로 간에 언급이 없었으므로 중개보수를 줄 수 없다고 우겼다. 판례는 乙(개업공인중개사)은 상인이므로 명시적인 보수약정이 없어도 중개보수를 청구할 수 있다고 판시하였다. 상인(전문가)에게 의뢰하면서 무상이겠지라고 생각하는 사람은 없을 것이다. 甲도 말은 안 했지만 중개보수를 지급할 생각으로 중개의뢰를 한 것이다. 또한 乙은 상인이므로 乙이 행한 중개행위는 상행위에 해당한다.

⑶ **단독중개, 공동중개**

① 단독중개는 개업공인중개사 1명이 중개하는 것이다.

② 공동중개는 개업공인중개사 2명 이상이 중개하는 것이다.

> **예** 부동산거래정보망을 이용하여 거래하는 것은 개업공인중개사가 2명 등장하므로 공동중개이다(매도의뢰를 받은 개업공인중개사가 매물을 공개하고, 매수의뢰를 받은 개업공인중개사가 매물을 검색한다).

5 **중개와 위임**

중 개	위 임
신뢰관계 無 유상이 원칙 (무상도 가능하지만)	신뢰관계 有 무상이 원칙
선관주의의무가 있다는 것은 공통점	

의사와 환자 사이의 계약이 위임이다. 따라서 위임이라고 하면 동의보감 허준 선생님을 생각하자. 허준과 환자들 사이에 신뢰관계가 있었고, 허준은 무상으로 치료해 주었다.

주의

위임과 비교할 때 '중개'는 개업공인중개사와 중개의뢰인 사이의 관계를 말한다.

Chapter 02 공인중개사제도

제1절 공인중개사 자격시험

1 시험시행기관(장)

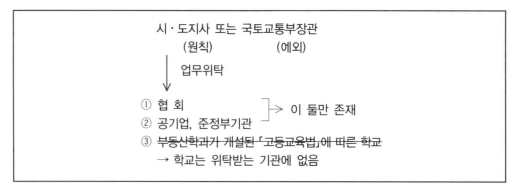

시험은 시·도지사가 시행하는 것이 원칙이고, 예외적으로 심의위원회 사전 의결을 거쳐 국토교통부장관이 시행할 수 있다. 그러나 시험은 협회, 공기업, 준정부기관에 위탁하여 시행하는 것이 가능하다. 학교는 위탁받는 기관에 없기 때문에 학교에 시험 관련 일을 위탁할 수는 없다. 현재 준정부기관에 해당하는 '산업인력공단'에 위탁해서 '산업인력공단'이 시험문제를 출제한다.

> **주의**
> 공인중개사법에서 '시·도'는 '특별시·광역시·도·특별자치도'를 의미한다.
> 즉, 특별자치시는 '시·도'에 포함되지 않는다.

2 시험시행공고

① 개략적 사항의 공고 : 매년 2월 말일까지 공고하여야 한다(2월 28일까지×, 12월 31일까지×).

② 필요한 사항의 공고 : 시험의 시행에 관하여 필요한 사항을 시험시행일 90일 전까지 공고하여야 한다(60일 전까지×).

3 시험의 시행

① 시험은 매년 1회 이상 시행한다. 다만, 부득이한 사정이 있는 경우 심의위원회의 의결을 거쳐 해당 연도의 시험을 실시하지 않을 수 있다.

② 국토교통부장관이 직접 자격시험의 시험문제를 출제하거나 시험을 시행하고자 하는 때에는 심의위원회의 의결을 미리 거쳐야 한다.

4 응시결격사유

① 자격취소 ＋3년(등록의 결격사유에도 해당되어 중개보조원으로 활동할 수 없다.)

② 부정행위자 ＋5년(해당 시험은 무효이고, 무효처분이 있는 날부터 5년간 응시자격을 정지한다. but 등록의 결격사유에는 해당되지 않기 때문에 중개보조원으로 활동할 수 있다.)

> **OX** 미성년자는 자격시험에 응시할 수 있다.(○)
> 피한정후견인은 자격시험에 응시할 수 있다.(○)
> 전과자는 자격시험에 응시할 수 있다.(○)

5 응시수수료

① 시·도지사가 시험을 시행하면 해당 지방자치체의 조례가 정하는 바에 따라 수수료를 납부하여야 한다(원칙). 다만, 예외적으로 국토교통부장관이 시험을 시행하면 국토교통부장관이 결정·공고하는 수수료를 납부하여야 한다(예외). 업무가 위탁되면 위탁받은 자가 위탁한 자의 승인을 얻어 결정·공고하는 수수료를 납부하여야 한다(업무위탁).

② 시험시행기관장은 응시 의사를 철회한 경우 응시수수료 전부 또는 일부를 반환하여야 한다.

③ 전부 반환하는 경우 : 접수기간 내에 취소하는 경우(접수마감일에 취소해도 전부 반환), 시험시행기관의 귀책사유로 시험에 응시하지 못한 경우

④ 일부 반환하는 경우 : 접수마감일의 다음 날부터(접수마감일부터×) 7일 이내에 취소하는 경우에는 60%를 반환하여야 하고, 시험시행일 10일 전까지 취소하는 경우에는 50%를 반환하여야 한다.

> **│ 주의 │**
> 과오납한 경우에는 과오납한 금액의 전부를 반환하는 것이지, 납입한 금액의 전부를 반환하는 것은 아니다.

6 자격증 교부

① 시·도지사는 합격자의 결정·공고일부터 1개월 이내에 교부대장에 기재한 후, 자격증을 교부하여야 한다(2개월×, 1주일×).

② 국토교통부장관이 시험을 시행한 경우에도 자격증은 시·도지사가 교부한다. 산업인력공단에서 시험을 시행한 경우에도 자격증은 시·도지사가 교부한다.

> **주의**
>
> ① 자격과 관련된 일은 무조건 자격증을 교부한 시·도지사가 한다.
>
> **예** 자격취소, 자격정지, 자격증 재교부 등은 자격증을 교부한 시·도지사가 한다.
>
> ② 시험(자격의 취득)과 관련된 일은 심의위원회가 한다.
>
> ③ 대장(예 교부대장, 등록대장, 지정대장)은 특별한 사정이 없는 한 전자적인 처리가 가능한 방법으로 작성·관리해야 한다. ⇨ 대장은 컴퓨터로 작성·관리해라!

7 제 재

① 자격증 양도 또는 대여한 자 : 자격취소사유에 해당하고, 1년 - 1천에도 해당한다.

② 자격증 양수 또는 대여받은 자 : 1년 - 1천에 해당한다(자격취소사유×).

③ 자격증 양도 또는 대여 등을 알선한 자 : 1년 - 1천에 해당한다.

> **주의**
>
> ① 공인중개사가 다른 사람에게 자기의 성명을 사용하여 중개업무를 하게 한 경우
> = 자격증 양도 또는 대여 ⇨ 자격취소사유
>
> ② 개업공인중개사가 다른 사람에게 자기의 성명 또는 상호를 사용하여 중개업무를 하게 한 경우
> = 등록증 양도 또는 대여 ⇨ 절대적 등록취소사유

> **판례**
>
> **자격증 대여의 판단기준**
>
> 1. 자격증 대여란 무자격자가 자격증을 이용하여 공인중개사로 행세를 하면서 중개업무를 할 것을 알면서 그 자에게 자격증 자체를 빌려주는 것을 말한다.
>
> 2. 실질적으로 무자격자가 중개업무를 수행하였다면 자격증 대여에 해당한다.
>
> 3. 공인중개사가 무자격자와 동업을 했고, 무자격자가 자금을 투자했지만 중개업무를 수행하지 않았다면 자격증 대여에 해당하지 않는다. 그러나 공인중개사가 무자격자와 동업을 했고, 무자격자가 주로 중개업무를 수행했다면 자격증 대여에 해당한다.

④ 공인중개사가 아닌 자가 공인중개사 또는 이와 유사한 명칭을 사용한 경우 : 1년 - 1천에 해당한다(자격취소사유×).

이와 유사한 명칭에는 '중개사무소 대표자를 가리키는 명칭', '부동산뉴스대표', '○○부동산Cafe' 등이 해당한다.

8 출제위원

① 출제위원은 시험문제를 출제하는 사람이다.

② 출제위원이 시험의 신뢰도를 크게 떨어뜨리면 5년간 위촉 금지 규정이 있다. 그러나 심의위원회 위원은 5년간 위촉 금지 규정이 없다(출제위원 ≠ 심의위원회 위원).

제2절 심의위원회와 운영위원회

구 분	심의위원회	운영위원회
설 치	국토교통부에 둘 수 있다(임의기관).	협회에 둔다(필수기관, 협회와 한 식구).
심의사항	시험(자격의 취득), 중개업의 육성, 중개보수의 변경, 손해배상책임의 보장 ⇨ 시험은 심의위원회가 우선한다. 시험 관련 사항을 심의위원회가 정하면 시·도지사가 따라가야 한다(그러나 중개업의 육성, 중개보수의 변경, 손해배상책임의 보장에 대해서 심의위원회가 정했다 하더라도 시·도지사가 따라가지 않는다).	공제사업에 관한 사항을 심의하고 업무를 감독한다. ⇨ 내부 감독기구
위원장	① 국토교통부 제1차관이 위원장(당연직) ② 부위원장은 없음 ③ 위원장이 직무를 수행할 수 없을 때에는 위원장이 미리 지명한 위원이 직무를 대행한다.	① 위원장(1명)과 부위원장(1명)은 위원 중에서 각각 호선한다(사랑의 짝대기). ② 위원장이 직무를 수행할 수 없을 때에는 부위원장이 직무를 대행한다.
위 원	① 국토교통부장관이 임명 또는 위촉 **OX** 위원장이 임명 또는 위촉(×) ② 임기 2년(연임 제한규정은 없음) ③ 보궐위원은 전임자 임기의 남은 기간 (땜빵은 땜빵만 잘하면 된다.)	① 협회 회장이 추천하여 국토교통부장관의 승인을 받아 위촉(국토교통부장관이 위촉×) ② 임기 2년, 1회 한하여 연임 가능 ③ 보궐위원은 전임자 임기의 남은 기간 (땜빵은 땜빵만 잘하면 된다.)
구 성	위원장 1명 포함해서 7명 이상 11명 이내 (세븐일레븐)	19명 이내(한 식구) 협회 관련 사람은 3분의 1 미만

제 척	① 위원이 해당 안건의 당사자 ② 배우자 또는 배우자이었던 자가 당사자 ③ 친족 또는 친족이었던 자가 당사자 ④ 위원이 당사자의 대리인 또는 대리인이었던 경우 ⑤ 위원이 해당 안건에 대해서 증언, 조사, 연구, 감정, 자문을 한 경우 ⑥ 위원이 공동권리자 또는 공동의무자	규정 없음(한 식구) ■ 개념정리 제척 : 관련 자가 **빠지는** 것 기피신청 : 관련 자를 **빼달라고** 신청하는 것 회피 : 관련 자 스스로 **빠지는** 것 해촉 : 위촉의 반대말
운 영	재적위원 과반수의 출석으로 개의하고, 출석 위원 과반수의 찬성으로 의결한다. **OX** 재적위원 과반수의 찬성으로 의결(×)	재적위원 과반수의 출석으로 개의하고, 출석 위원 과반수의 찬성으로 의결한다. **OX** 재적위원 과반수의 찬성으로 의결(×)
통 보	7일 전까지 통보(부득이한 사유가 있으면 전 날까지 통보할 수 있다.) **OX** 통보를 생략할 수 있다.(×)	규정 없음(한 식구) 식구끼리는 카톡하면 된다.^^
간사와 서기	간사 1명을 둔다. 위원장이 간사를 지명한다. 서기는 없다(심의위원회에서는 꿀보직인 부위원장과 서기가 없다).	위원장이 간사와 서기를 임명한다. 간사가 회의록을 작성한다.

Chapter 03 중개사무소 개설등록 및 결격사유

제1절 **중개사무소의 개설등록절차**

1 등록의 성격

① 필수성 : 공인중개사라 하더라도 등록을 한 후에 중개업을 해야 한다.

② 개별성 : 등록을 개별적으로 해야 한다.

　OX 중개사무소를 공동으로 사용하더라도 각자 등록을 해야 한다.(○)

③ 일신전속성 : 등록을 한 자만 등록을 보유해야 한다(양도×, 상속×).

④ 적법요건 : 무등록 중개업자가 중개하여 체결시킨 거래계약은 유효이다.

　다만, 무등록 중개업자는 3년 - 3천의 제재를 받는다.

2 공인중개사인 개업공인중개사의 등록절차

(1) 등록신청

① 등록신청자 : 공인중개사○, 소속공인중개사×(모든 공인중개사×), 변호사×, 부칙상 개업공인중개사×

　OX 공인중개사(소속공인중개사는 제외) 또는 법인이 아닌 자는 등록신청을 할 수 없다.(○)

　　변호사도 공인중개사법령에서 정한 기준에 따라 개설등록을 해야 한다.(○)

② 등록관청(등록신청을 받아주는 관청) : 사무소 소재지(주소지×) 시장·군수 또는 구청장, 시장은 구가 설치되지 않은 시의 시장과 특별자치도 행정시의 시장만 된다. 그러나 모든 군수와 모든 구청장(자치구 구청장 + 비자치구 구청장)은 등록관청이 된다.

　예 서울특별시 강남구 ⇨ 강남구청장(특별시장×)

　　인천광역시 부평구 ⇨ 부평구청장(광역시장×)

　　경기도 성남시 분당구 ⇨ 분당구청장

　　경기도 의정부시 ⇨ 의정부시장

　　특별자치도 행정시 ⇨ 행정시장(**예** 제주시장)

　　A시 甲구 ⇨ 甲구청장

③ 수수료 : 해당 지방자치단체의 조례가 정하는 바에 따라 수수료를 납부해야 한다.

(2) 등록기준의 심사

① 공인중개사일 것

② 등록신청일 전 1년 이내에 시·도지사가 실시하는 실무교육을 수료할 것
(폐업 후 1년 이내면 면제, 소속공인중개사로 고용관계 종료신고 후 1년 이내면 면제, 실무는 일이니까 일년!)

③ 사무소에 대한 사용권을 확보할 것
 ㉠ 사무소: 사용승인 등을 받았지만 건축물대장에 기재되지 않은 건축물은 중개사무소가 될 수 있다(사용승인을 받지 않은 건물×, 가설건축물×, 무허가건물×, 중개사무소에 대한 면적 제한×).
 ㉡ 사용권: 소유, 전세, 임대차, 사용대차 등 넓게 인정된다.

> **주의**
> '업무보증을 설정할 것'은 등록기준이 아니다. 따라서 업무보증을 설정하지 않아도 등록이 된다.

(3) 등록을 하고 서면통지(= 등록통지) ➡ 등록신청을 받은 날부터 7일 이내에 서면통지(○)

① 서면통지를 받으면 개업공인중개사가 된다.

② 서면통지를 받고 업무개시 전까지 업무보증 설정해야 한다(업무보증의 설정은 등록신청과 같이 할 수 없다).

③ 서면통지를 받고 업무개시 전까지 인장등록을 해야 한다(인장등록은 등록신청과 같이 할 수 있다).

④ 중개사무소의 개설등록 후 업무를 개시하지 않는 것은 휴업(폐업×)에 포함된다. 따라서 3개월 초과 업무개시를 하지 않을 경우 휴업신고를 해야 한다(멍 때리는 거니까 휴업에 포함된다).

(4) 등록증 교부 ➡ 등록신청을 받은 날부터 7일 이내에 등록증 교부(×)

① 등록증 교부받으면 업무개시(업무개시 요건인 보험가입과 인장등록이 되어 있음)

② 등록증 교부 전·후로 등록관청이 하는 일

전	후
㉠ 업무보증의 설정을 확인하고 등록증 교부(인장등록은 확인×) ㉡ 등록대장에 기재하고 등록증 교부(등록대장은 전자적인 처리가 가능한 방법으로 작성·관리를 해야 한다.)	등록관청이 다음 달 10일까지 등록증을 교부한 사항을 협회에 통보 (10일 이내 통보×, 국토교통부장관에게 통보×)

③ 법인인 개업공인중개사의 등록절차

(1) 등록신청

① 등록신청자 : 법인○, 외국법인○

② 등록관청 : 주된 사무소 소재지 시장·군수 또는 구청장

③ 수수료 : 해당 지방자치단체의 조례가 정하는 바에 따라 수수료를 납부해야 한다.

(2) 등록기준의 심사

① 대표자는 공인중개사, 대표자를 제외(포함×)한 임원 또는 사원의 3분의 1(2분의 1×) 이상이 공인중개사일 것

> **예** 대표자 1명, 대표자를 제외한 임원 1명 ➡ 둘 다 공인중개사(0.333... 이상이면 1명)

> **│ 주의 │**
>
> ① **등록을 할 수 있는 법인은?**(사례 문제)
>
> 대표자는 공인중개사이고, 대표자를 제외한 임원 중에서 2분의 1이 공인중개사인 주식회사(○)
>
> ➡ 이 주식회사가 등록을 할 수 있나 없나를 판단하는 사례문제이다. <u>3분의 1 이상이면 되는데 2분의 1이면 공인중개사가 더 많으므로 당연히 등록이 된다.</u>
>
> ② **등록기준으로 옳은 것은?**(○× 문제)
>
> 대표자는 공인중개사이고, 대표자를 제외한 임원 또는 사원의 2분의 1이 공인중개사일 것(×)
>
> ➡ 이 설명이 옳은가 틀린가를 판단하는 ○×문제이다. '<u>3분의 1 이상이 공인중개사 일 것</u>'이 옳은 설명이므로 '<u>2분의 1 이상이 공인중개사일 것</u>'은 틀린 설명이다.

② 대표자 포함하여 임원 또는 사원 전원(3분의 1 이상×)이 실무교육을 수료할 것

> **OX** 공인중개사 아닌 임원 또는 사원도 실무교육을 수료해야 한다.(○)

③ 사무소 요건은 공인중개사인 개업공인중개사와 동일하다.

④ 자본금 5천만원 이상의 상법상 회사 또는 협동조합기본법상 협동조합일 것

　㉠ 되는 것 : 주식회사, 유한회사, 유한책임회사, 합자회사, 합명회사, 협동조합

　㉡ 안 되는 것 : 사회적 협동조합, 재단법인, 사단법인, 법인이 아닌 사단

　　➡ 되는 것일 때는 자본금을 확인하고, 안 되는 것은 그냥 안 된다.

> **│ 주의 │**
>
> 자본금은 법인을 처음 만들 때 필요한 돈으로 <u>5천만원</u> 이상이어야 한다. 그러나 보증금(보험금)은 그 법인이 중개업을 할 때 들어야 하는 것으로 <u>4억원</u> 이상이어야 한다.
>
> 즉, <u>자본금 ≠ 보험금</u>

⑤ 법 제14조에 규정된 업무만을 목적으로 설립된 법인일 것

🔖 법 제14조 ⇨ **법인 업무 중 이 분 관 상 경·경 한다.**

> 1. 중개업
> 2. 이사·도배업체의 소개(이사업×, 도배업×, 용역업×, 용역의 제공×, 용역의 알선○)
> 3. 분양대행(주택 및 상가에 대해서만○, 토지×)
> 4. 관리대행(주택 및 상가의 임대관리○, 임대업×, 관리업×)
> 5. 상담(부동산이용업×, 부동산개발업×, 부동산거래업×)
> 6. 경영정보·기법제공(개업공인중개사를 상대로○, 등록하지 않은 공인중개사를 상대로×)
> 7. 경매·공매 관련 업무 ⇨ 경매법인이 하는 일을 중개법인도 할 수 있다.

⑶ **서면통지** ⇨ **공인중개사인 개업공인중개사와 내용 동일**

⑷ **등록증 교부** ⇨ **공인중개사인 개업공인중개사와 내용 동일**

🔖 첨부서류(제출서류)

> 1. 법인등기사항증명서×, 건축물대장×, 자격증 사본× ⇨ 등록관청이 시·도지사에게 자격확인을 요청하여야 한다(but 자격증 사본을 지정신청시, 매수신청대리인 등록신청시에는 제출).
> 2. 실무교육수료확인증 사본(but 전자적으로 확인 가능하면 제출×)
> 3. 건축물대장에 기재가 안 된 건축물의 경우 ⇨ 건축물대장에 기재가 지연되는 사유를 적은 서류는 제출
> 4. 결격사유 없음을 증명하는 서류(외국인만 제출) 예 아포스티유
> 5. 영업소 등기를 증명할 수 있는 서류(외국법인만 제출)
> 6. 여권용 사진(반명함판사진×)

4 종별 변경

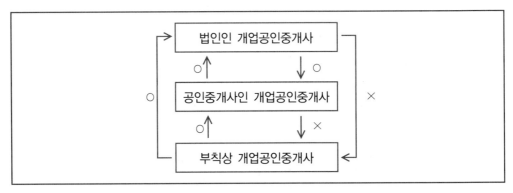

> **🔶주의** 공인중개사인 개업공인중개사와 법인인 개업공인중개사가 부칙상 개업공인중개사로 바꾸는 것은 안 된다. 부칙상 개업공인중개사는 새롭게 등장할 수 없기 때문이다. 또한 부칙상 개업공인중개사가 종별 변경을 하고자 할 때는 공인중개사 자격을 취득해야 한다.

① 원칙: 등록신청서를 다시 제출해야 한다(신규 등록).

② 예외 : 부칙상 개업공인중개사가 공인중개사인 개업공인중개사로 변경하고 동일 등록 관청 관할구역 내에서 계속할 때 등록증 재교부신청을 해야 한다.

③ 원칙이든 예외든 모두 종전 등록증을 반납해야 한다. ⇨ 등록증을 반납하지 않으면 이중등록이 된다.

5 중개사무소등록증 원본 등 게시의무

① 중개사무소등록증 원본(but 분사무소는 신고확인서 원본)

② 자격증 원본(소속공인중개사의 자격증 원본도 게시해야 한다.)

③ 보증설정증명서류(例 공제증서)

④ 중개보수 요율 및 한도액표

⑤ 사업자등록증

　⇨ 다섯 가지 중 한 가지라도 게시하지 않으면 개업공인중개사에게 100만원 이하의 과태료를 부과한다. 소속공인중개사는 게시의무가 없다. 소속공인중개사의 자격증 원본을 게시하지 않은 경우에도 개업공인중개사에게 100만원 이하의 과태료를 부과한다.

　⇨ 실무교육수료확인증, 지도, 소속공인중개사의 고용신고서는 게시의무가 없다.

6 재교부 비교

구 분	자격증 재교부	등록증 재교부
사 유	분실, 훼손(걸레) (자격증 첨부×)	① 분실, 훼손(걸레)(등록증 첨부×) ② 기재사항의 변경(등록증 첨부○) ③ 부칙상 개업공인중개사가 공인중개사인 개업공인중개사가 되고, 동일 등록관청 관할구역 내에서 계속할 때 (등록증 첨부○)
장 소	자격증을 교부한 시·도지사	등록관청
수수료	해당 지방자치단체의 조례가 정하는 바에 따라 수수료를 납부	

7 등록의 효력 소멸

① 개인인 개업공인중개사가 사망 또는 법인인 개업공인중개사의 해산시에 등록의 효력
은 소멸한다. ⇨ 그러나 법인의 대표자 사망은 등록의 효력 소멸이 아니다(그냥 슬픈 일).

② 폐업신고를 하면 등록의 효력은 소멸한다. ⇨ 폐업신고를 해야 등록의 효력이 소멸되고,
폐업신고를 하지 않은 사실상 폐업의 경우 등록의 효력은 소멸하지 않는다.

③ 등록취소처분을 받으면 등록의 효력이 소멸한다. ⇨ 그러나 등록취소사유에 해당한다
는 것만으로는 등록의 효력은 소멸하지 않는다(but 사망 또는 해산은 등록취소처분을
받지 않았더라도 그 순간에 바로 등록의 효력이 소멸한다).

> **OX** 등록증을 대여한 경우 등록의 효력이 소멸한다.(×)
> 등록의 결격사유가 발생한 경우 등록의 효력이 소멸한다.(×)

④ 휴업신고, 업무정지처분 ⇨ 등록의 효력이 소멸하지 않는다(등록의 효력 有).

8 무등록 중개업

(1) 등록의 효력이 소멸한 후에 중개업을 하는 경우

① 법인이 해산한 후에도 중개업을 계속하는 경우 무등록 중개업에 해당한다.

② 폐업신고를 한 후에도 중개업을 계속하는 경우 무등록 중개업에 해당한다.

③ 등록취소처분을 받은 후에도 중개업을 계속하는 경우 무등록 중개업에 해당한다.

> **OX** 법인의 대표자가 사망한 후에 중개업을 한 경우 무등록 중개업에 해당한다.(×)
> 사실상 폐업상태에서 중개업을 한 경우 무등록 중개업에 해당한다.(×)
> 등록증 대여한 후 등록취소처분을 받기 전에 중개업을 한 경우 무등록 중개업에 해당한다.(×)

(2) 서면통지를 받기 전에 중개업을 하는 경우

서면통지를 받기 전에는 등록이 없기 때문에 중개업을 하면 무등록 중개업에 해당한다.

(3) 태생적 무등록 중개업(무대뽀)

처음부터 작정하고 등록을 하지 않고 중개업을 하면 무등록 중개업에 해당한다.

(4) 무등록 중개업자는 3년 - 3천

① 무등록 중개업자임을 알면서 무등록 중개업자에게 중개의뢰를 한 거래당사자는 무등
록 중개업자와 공동정범으로 처벌되지 않는다.

② 무등록 중개업자(3년 - 3천의 제재○) ⇨ 중개보수지급약정 무효 ⇨ 중개보수 청구×
그러나 무자격자가 우연한 기회에 1회 중개를 한 경우(무등록 중개업자로 제재×) ⇨
중개보수지급약정 유효 ⇨ 중개보수 청구○

> **주의**
>
> 무등록 중개업자에게 중개의뢰를 해서 거래계약이 체결된 경우 ⇨ 거래계약은 유효(적법요건), 중개의뢰를 한 중개의뢰인은 공동정범으로 처벌×, 무등록 중개업자에게 중개보수 지급×, 무등록 중개업자를 신고 또는 고발하면 포상금 지급○ ⇨ 무등록 중개업자에게 중개의뢰를 한 사람은 개꿀이다!

9 양다리 금지

```
┌ 이중등록 ─────── 절.등.취 + 1년 − 1천
│ (개업공인중개사가 다시 등록한 것)
└ 이중소속 ─────── 절.등.취 + 1년 − 1천
  (개업공인중개사가 다른 중개사무소에 취업한 것)
```

이중등록은 개업공인중개사에게만 적용되고, 이중소속은 개업공인중개사 등에게 적용된다. 따라서 중개보조원의 이중소속도 금지되고, 중개보조원이 이중소속을 하면 1년 − 1천에 해당한다. 개업공인중개사의 경우 이중소속은 절대적 등록취소사유에 해당하고, 1년 − 1천에도 해당하므로 이중등록과 제재가 동일하다.

OX 개업공인중개사가 등록관청 관할구역을 달리하여 이중으로 중개사무소의 개설등록을 한 것은 이중등록에 해당한다.(○)

개업공인중개사가 다른 중개사무소의 중개보조원이 된 경우 이중소속에 해당한다.(○)

중개보조원이 다른 중개사무소의 중개보조원이 된 경우 이중소속에 해당한다.(○)

10 자격증과 등록증 양도 또는 대여 등

구 분	자격증 양도 또는 대여 등	등록증 양도 또는 대여 등
행정형벌	양도 또는 대여의 경우와 양수 또는 대여받은 경우, 이를 알선한 경우 모두 1년 이하의 징역 또는 1천만원 이하의 벌금에 처한다.	
행정처분	자격증 양도 또는 대여는 자격취소사유	등록증 양도 또는 대여는 절대적 등록취소사유
판단기준	자격증 대여와 등록증 대여의 판단기준은 동일하다. ⇨ 무자격자가 주로 중개업무를 하였다면 자격증 대여, 등록증 대여에 해당한다.	

OX 자격증을 양도 또는 대여한 경우 등록을 취소하여야 한다.(×)

등록증을 양도 또는 대여한 경우 자격을 취소하여야 한다.(×)

제2절 등록의 결격사유

1 결격사유의 효과

응시 결격사유	≠	등록의 결격사유
(시험 못 보는 것)		(중개보조원도 못하는 것)

(1) 개업공인중개사 등에게 적용된다.

① 등록의 결격사유를 줄여서 '결격사유'라고 한다.

② 결격사유에 해당되면 중개보조원으로 활동할 수 없다(결격사유를 넓게 이해하자).

③ 중개업무 종사 전에 결격사유에 해당하게 된 경우 : 등록되기 전에 결격사유가 있다면 등록이 안 된다. 고용되기 전에 결격사유가 있다면 고용이 안 된다.

(2) 결격사유와 제재(중개업무 종사 후에 결격사유에 해당하게 된 경우)

① 개업공인중개사에게 결격사유가 발생한 경우 : 절대적 등록취소사유(2개월 이내 해소 예외 없음)

② 임원 또는 사원에게 결격사유가 발생한 경우 : 절대적 등록취소사유(2개월 이내 해소하면 제재를 받지 않는다.)

③ 고용인(소속공인중개사, 중개보조원)에게 결격사유가 발생한 경우 : 개업공인중개사는 업무정지사유(2개월 이내 해소하면 제재를 받지 않는다.)

2 결격사유의 유형

(1) 타인의 재산을 관리할 능력이 부족한 자

① 미성년자(만 19세 미만) : 미성년자는 예외 없이 결격사유에 해당한다.

> **OX** 미성년자가 결혼하면 결격사유에서 벗어난다.(×) ⇨ 미성년자는 만 19세인 성년자가 되어야 결격사유에서 벗어난다.

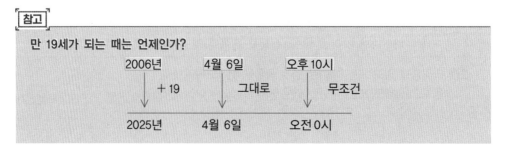

참고

만 19세가 되는 때는 언제인가?

2006년	4월 6일	오후 10시
↓ +19	↓ 그대로	↓ 무조건
2025년	4월 6일	오전 0시

② 피한정후견인 또는 피성년후견인

    ㉠ 피한정후견인(개시심판 有) ≠ 심신박약자(개시심판 無)

    ㉡ 피성년후견인(개시심판 有) ≠ 심신상실자(개시심판 無)

        ⇩   ⇩

      결격사유○   결격사유×

    ㉢ 피한정후견인과 피성년후견인은 종료심판을 받아야 결격사유에서 벗어난다.

       ⇨ **법원에서 시작한 것은 법원에서 끝내라~!**

    ㉣ 피특정후견인은 결격사유가 아니다.

③ 파산선고를 받고 복권되지 아니한 자(파산자)

    ㉠ 파산자(선고 有) ≠ 빚을 많이 진 자(선고 無)

           ⇩   ⇩

      결격사유○   결격사유×

    ㉡ 복권(면책결정, 복권결정)되어야 결격사유에서 벗어난다. ⇨ **법원에서 시작한 것은 법원에서 끝내라~!**

    ㉢ 개인회생은 결격사유가 아니다.

(2) **전과자**(법원으로부터 벌금형, 금고형, 징역형을 선고받은 자)

① 금고 이상의 실형 선고를 받고 집행종료 + 3년 또는 집행면제 + 3년

    ㉠ 금고 이상의 실형(다른 법 위반도 포함) ⇨ 금고형, 징역형을 의미한다. ⇨ 나쁜 놈이라서 다른 법 위반도 포함된다.

    ㉡ 만기석방(집행종료) + 3년

    ㉢ 가석방 + 잔형기 + 3년(무기형의 경우 가석방으로 출소하면 잔형기는 10년)

    ㉣ 특별사면(집행면제) + 3년

    그러나 일반사면은 즉시 결격사유에서 벗어난다. ⇨ 일반사면은 일반인이 되는 것이다.

[참고]

금고 이상 실형 선고의 결격기간

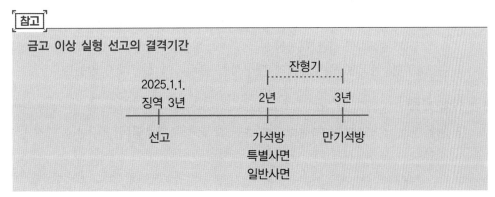

만기석방: 2025. 1. 1. + 3년 + 3년 = 2031. 1. 1.
가석방: 2025. 1. 1. + 2년 + 1년 + 3년 = 2031. 1. 1.
특별사면: 2025. 1. 1. + 2년 + 3년 = 2030. 1. 1.
일반사면: 2025. 1. 1. + 2년 = 2027. 1. 1.
(일반사면은 사면일 즉시 결격사유에서 벗어남)

② 금고 이상의 형의 집행유예 선고를 받으면 그 유예기간 + 2년 동안 결격사유

    ㉠ 집행유예는 감옥에 안 가는 것이다. ⇨ 감옥에 안 가도 나쁜 놈이다.

    ㉡ 다른 법 위반의 집행유예도 포함된다.

    ㉢ 선고유예와 기소유예는 결격사유가 아니다.

        예 징역 1년에 집행유예 2년을 선고 ⇨ 4년간 결격사유, 징역 1년은 무시한다.
            징역 1년에 집행유예 3년을 선고 ⇨ 5년간 결격사유, 징역 1년은 무시한다.

참고

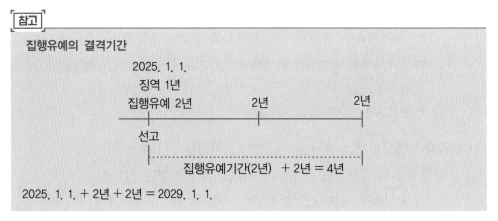

③ 공인중개사법을 위반하여 300만원 이상 벌금형 선고 + 3년

    ㉠ 공인중개사법○, 다른 법×, 형법×, 도로교통법×, 양벌규정×, 과태료×, 300만원 미만×

    ㉡ 2025. 1. 1. 공인중개사법을 위반하여 300만원 벌금형 선고 ⇨ 2025. 1. 1. + 3년 = 2028. 1. 1.

    ㉢ 경합범에 대해서 벌금형을 선고하는 경우 분리 선고하여야 한다.

        예 공인중개사법 위반 200만원 벌금형 선고, 형법 위반 300만원 벌금형 선고 ⇨ 결격사유×
            공인중개사법 위반 300만원 벌금형 선고, 형법 위반 200만원 벌금형 선고 ⇨ 결격사유○

    ㉣ 징역형, 금고형, 집행유예에 대해서는 분리하여 선고하지 않는다.

(3) 취소 관련

    ① 등록취소 + 3년 ⇨ 등록취소의 이유를 보고 등록취소일에 + 3년을 할지 말지를 결정한다.

등록취소일 + 3년(○)	등록취소일 + 3년(×)
등록증 양도 또는 대여를 이유로 등록취소 부정한 방법으로 등록한 것을 이유로 등록취소 초과보수 금지행위를 이유로 등록취소 ⇨ 등록취소의 이유가 사.기.결이 아니므로 등록취소 후 등록취소일에 + 3년을 한다.	사망 또는 해산을 이유로 등록취소 등록기준 미달을 이유로 등록취소 결격사유를 이유로 등록취소 ⇨ 등록취소의 이유가 사.기.결이므로 등록취소 후 등록취소일에 + 3년을 하지 않는다.

주의

결격사유(예 ~선고, 심판)를 이유로 등록취소는 등록취소일에 + 3년을 하지 않는다.

┌ 2025. 1. 1. 한정후견 개시심판(종료심판 받을 때까지○)
└ 2025. 3. 1. 한정후견 개시심판을 이유로 등록취소(2025. 3. 1. + 3년 = 2028. 3. 1.×)

┌ 2025. 1. 1. 공인중개사법 위반 300만원 벌금형 선고(2025.1. 1. + 3년 = 2028. 1. 1.○)
└ 2025. 3. 1. 공인중개사법 위반 300만원 벌금형 선고를 이유로 등록취소(2025. 3. 1. + 3년 = 2028. 3. 1.×) ⇨ 등록취소일에 + 3년을 하지 않고, 벌금형 선고일에 + 3년을 한다.

② 자격취소 + 3년 ⇨ 이유 불문하고 무조건 + 3년을 한다.

　㉠ 자격취소 + 3년은 응시결격사유에도 해당한다(시험도 못 보고, 중개보조원으로 활동도 못함).

　㉡ 부정행위자 + 5년은 등록의 결격사유가 아니다(시험은 못 보지만, 중개보조원으로 활동은 가능함).

(4) 정지 관련

① 업무정지처분을 받고 **폐업신고**를 하면 남은 기간 동안 결격사유

　🔺 업무정지처분의 결격기간

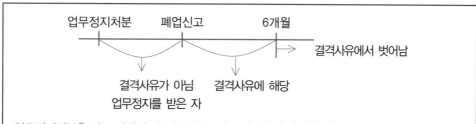

업무정지처분을 받고 폐업신고를 하지 않으면 결격사유가 아니라 업무정지처분을 받은 사람이다. 폐업신고 전·후로 불러주는 명칭은 다르지만 중개업무를 못하는 것은 동일하다.

② 자격정지처분을 받은 자는 자격정지기간 동안 결격사유

　㉠ 소속공인중개사만 자격정지처분을 받는다(개업공인중개사는 자격정지처분×).

　㉡ 자격정지처분은 받기만 하면 그 기간 동안 결격사유에 해당한다.

　　예 자격정지처분 6개월을 받으면 6개월 동안 결격사유에 해당한다.

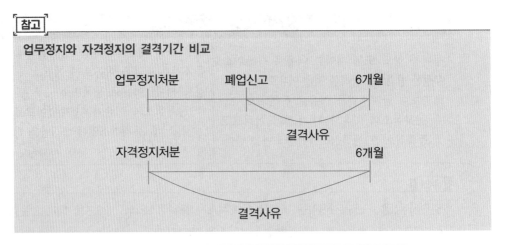

참고

업무정지와 자격정지의 결격기간 비교

③ 법인이 업무정지처분을 받으면, 업무정지사유 발생 당시 임원 또는 사원이었던 자는 법인 업무정지기간 동안 결격사유

　　㉠ 업무정지처분 당시×, 사유발생 후 처분 전에×

　　㉡ 고용인×

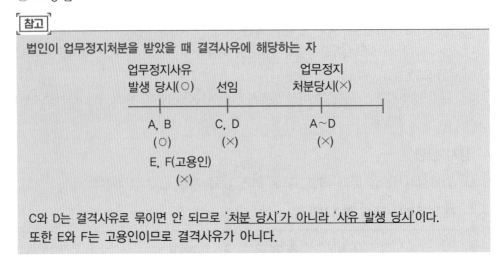

참고

법인이 업무정지처분을 받았을 때 결격사유에 해당하는 자

C와 D는 결격사유로 묶이면 안 되므로 '처분 당시'가 아니라 '사유 발생 당시'이다. 또한 E와 F는 고용인이므로 결격사유가 아니다.

(5) **법인의 결격사유**

임원 또는 사원에게 결격사유가 있으면 그 법인도 결격사유에 해당한다.

예 임원이 미성년자이면 그 법인도 결격사유에 해당한다.

(6) 등록관청은 결격사유에 해당하는지 여부를 확인하기 위하여 관계 기관에 조회할 수 있다.

　　⇨ 따라서 한국 사람은 결격사유 없음을 증명하는 서류를 제출하지 않는다.

Chapter 04

중개사무소 등 중개업무

제1절 **업무범위 등**

1 업무범위 = 겸업제한 ⇨ 업종 문제

(1) 법인인 개업공인중개사(중개법인)

> "법인 업무 중 이 분 관 상 경·경 한다."

① 중개업(다른 사람의 의뢰, 일정한 보수를 받고, 중개를 업으로)

② 이사·도배업체 소개: 이사업×, 도배업×, 용역업×, 용역의 제공×, 용역의 알선○

③ 분양대행: 주택 및 상업용 건축물에 대해서만 가능 ⇨ 토지 분양대행×, 주택용지 분양대행×

④ 관리대행: 주택 및 상업용 건축물에 대한 임대관리○, 임대업×, 관리업×, 농업용 건축물×

⑤ 상담: 부동산의 이용·개발 및 거래에 관한 상담○, 동산에 대해서×, 주식투자에 대해서×, 부동산이용업×, 부동산개발업×, 부동산거래업×

⑥ 경영정보·경영기법의 제공: 개업공인중개사 대상으로○, 등록하지 않은 공인중개사를 대상으로×, 일반인을 대상으로×

⑦ 경매·공매 관련 업무: 권리분석·취득알선과 매수신청·입찰신청의 대리 ⇨ 부동산에 대해서○, 동산에 대해서×, 자동차에 대해서×

> **주의**
>
> ① '업' 때문에 ×라고 하지 말자.
>   **예** 주택 분양대행○, 주택 분양대행업○, 주택 분양대행업무○
> ② '이. 분. 관. 상. 경·경'은 중개업× ⇨ 중개보수× ⇨ 초과하여 보수를 받더라도 금지행위×
> ③ 법인인 개업공인중개사가 업무범위를 위반한 경우 임의적 등록취소사유
> ④ 부칙상 개업공인중개사도 경매·공매 업무를 제외한 나머지 업무는 할 수 있다. 따라서 <u>중개업부터 경영정보·경영기법의 제공까지는 모든 개업공인중개사가 할 수 있다.</u>
> ⑤ 경매대상에 대한 대리업무 ⇨ 법원에 등록을 하고 해야 한다(공매대상은 등록×, 권리분석·취득알선만 하는 것도 등록×).

(2) 공인중개사인 개업공인중개사

① 원칙: 업무범위의 제한이 없다.

⇨ 중개업과 이. 분. 관. 상. 경ㆍ경 모두 가능하고, 다른 자영업(예 이사업, 도배업)도 중개업에 지장을 주지 않으면 가능하다.

② 예외: 다른 법에서 제한(예 변호사법)하거나 중개업을 주도적으로 하는 데 지장을 준다면 못한다(예 회사에 다니는 것은 못 한다).

(3) 부칙상 개업공인중개사

공인중개사인 개업공인중개사와 동일하지만, 경매ㆍ공매 대상 부동산에 대한 권리분석 및 취득알선과 매수신청 또는 입찰신청의 대리를 할 수 없다.

> **주의**
>
> ① 부칙상 개업공인중개사는 경매ㆍ공매 관련 업무를 할 수 없다.
> ② 부칙상 개업공인중개사는 '공인중개사사무소'라는 명칭을 사용할 수 없다.

2 업무지역 ⇨ 동네 문제

① 법인인 개업공인중개사, 법인의 분사무소, 공인중개사인 개업공인중개사 모두 업무지역은 전국이다. ⇨ 즉, 부칙상 개업공인중개사를 제외하고 모두 전국이다.

② 부칙상 개업공인중개사

　㉠ 원칙: 해당 중개사무소 소재지 시ㆍ도

　㉡ 예외: 공인중개사법 제24조의 부동산거래정보망에 가입하고 이를 이용하여 중개하는 경우에는 해당 정보망에 공개된 관할구역 외의 중개대상물에 대하여도 중개할 수 있다(가입 + 공개 ⇨ 전국).

③ 부칙상 개업공인중개사가 업무지역을 위반한 경우 업무정지사유에 해당한다.

> **주의**
>
> ① '모든 개업공인중개사'라고 하면 법인인 개업공인중개사, 공인중개사인 개업공인중개사, 부칙상 개업공인중개사를 의미한다.
> ② '다른 법률에 의해 중개업을 할 수 있는 법인'을 '특수법인'이라고 한다. '특수법인'은 등록기준이 적용되지 않는 법인이다. 따라서 공인중개사가 한 명도 없어도 된다.
> ③ '다른 법률에 의해 중개업을 할 수 있는 법인'은 '다른 법률에 의해 중개업을 할 수 있는 법인'이라고 나온 경우만 고려해서 문제를 푼다. 문제에서 '법인인 개업공인중개사'라고 출제되면 중개법인만 고려해서 문제를 풀면 된다.

3 **중개대상물의 범위** ⇨ **다섯 가지 중개대상물을 취급할 수 있는가의 문제**

① 종별에 따라 중개대상물의 범위에 차이가 없다.

② 따라서 부칙상 개업공인중개사도 입목, 광업재단, 공장재단을 중개할 수 있다.

제2절 **고용인**

1 **알아두기**

① 고용인(단순직원) ≠ 사원(무한책임사원, 이사급)

② 임원 또는 사원은 법인인 개업공인중개사에만 존재하고, 개인인 개업공인중개사 밑에는 임원 또는 사원이 존재하지 않는다.

③ 자격증 있는 임원 또는 사원은 소속공인중개사에 포함되지만 고용인은 아니다(이사급이므로).

④ 소속공인중개사의 종류 : 임원 또는 사원인 소속공인중개사, 고용인인 소속공인중개사

⑤ 고용인의 고용은 필수가 아니다. 외국인도 고용인이 될 수 있다.

2 **고용인의 종류**

① 소속공인중개사 : **공인중개사**로서 개업공인중개사에 소속되어 ⇨ 중개업무를 수행하거나 중개업무를 보조하는 자를 말한다(but 경매 관련 일은 못 한다).
    OX 공인중개사인 임원 또는 사원은 소속공인중개사에 포함된다.(○)

② 중개보조원 : **공인중개사가 아닌** 자로서 개업공인중개사에 소속되어 ⇨ 단순한 업무를 보조하는 자를 말한다(중개업무 수행×, 보조 업무의 예 : 현장 안내, 일반서무, 목적지에 도착했습니당~).

3 **고용인 고용신고 · 고용관계 종료신고**

① 신고대상자 : 고용인(소속공인중개사, 중개보조원)만 신고대상자이다. 임원 또는 사원은 이사급이므로 신고대상자가 아니다.

② 신고기한 : 고용신고(전자문서○)는 고용한 경우 업무개시 전까지 해야 한다(사후신고). 그러나 고용관계 종료신고(법에 전자문서 규정 없음)는 종료일부터 10일 이내에 해야 한다(사후신고).

③ 소속공인중개사는 실무교육, 중개보조원은 직무교육을 먼저 받게 한 후 고용신고를 해야 한다(선교육, 후신고).

④ 고용신고를 받은 등록관청은 결격사유 해당여부와 교육 수료여부를 확인하여야 한다.

> **주의**
>
> 전자문서 인정× : 고용관계 종료신고(법에 전자문서 규정 없음), 사무소 이전신고, 휴업·폐업신고, 부동산 거래신고에서 대행하는 경우, 부동산 거래신고에서 거부한 경우

④ 중개보조원의 인원 수 제한 및 중개보조원의 사전 고지의무

① 개업공인중개사가 고용할 수 있는 중개보조원의 수는 개업공인중개사와 소속공인중개사를 합한 수의 5배를 초과하여서는 아니 된다. ⇨ 위반시 절대적 등록취소사유 + 1년 − 1천

> **예** 개업공인중개사 1명 ⇨ 1명 × 5 = 5명까지 고용할 수 있다.
>
> 개업공인중개사 1명, 소속공인중개사 1명 ⇨ 2명 × 5 = 10명까지 고용할 수 있다.

② 중개보조원은 현장안내 등 중개업무를 보조하는 경우 중개의뢰인에게 본인이 중개보조원이라는 사실을 미리 알려야 한다. ⇨ 위반시 중개보조원 및 개업공인중개사 모두 500만원 이하의 과태료. 다만, 개업공인중개사가 상당한 주의와 감독을 게을리하지 않은 경우에는 개업공인중개사는 과태료를 받지 않는다.

⑤ 개업공인중개사의 고용상 책임

(1) 알아두기

① 소속공인중개사 또는 중개보조원의 업무상 행위(모든 행위×)는 그를 고용한 개업공인중개사의 행위로 본다(추정한다×).

② '업무상 행위'는 행정처분 또는 행정형벌과 관련된 행위(**예** 중개사고 친 것)라고 생각하면 된다. ⇨ 판례는 업무상 행위를 객관적으로 판단한다.

③ 등록취소(절.등.취, 임.등.취)와 업무정지는 개업공인중개사만 받는다.

④ 자격정지는 소속공인중개사만 받는다.

⑤ 중개보조원은 행정처분을 받지 않는다. 그러나 중개보조원도 손해배상책임과 행정형벌은 받는다.

(2) **민사상 책임**(손해배상책임) ⇨ **손해, 손해배상**

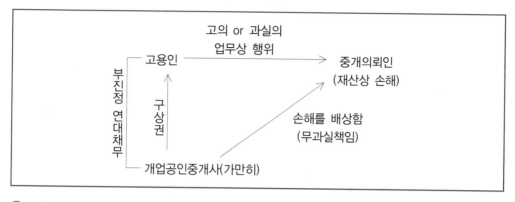

① 고용인의 민사상 책임 : 중개의뢰인에게 손해를 입힌 경우 고용인도 손해배상책임을 진다.

② 개업공인중개사의 민사상 책임 : 부진정 연대로 묶여서 무과실책임을 진다.
⇨ 면책규정이 없다(민사 따로! 형사 따로!).

③ 손해를 배상한 개업공인중개사는 고용인에게 구상권을 행사할 수 있다.

④ 고용인이 무과실이라면 고용인과 개업공인중개사 모두 손해배상책임이 없다.
예 중개의뢰인이 중개사무소 앞에서 혼자 넘어진 것은 고용인이 무과실인 경우이므로 고용인
도, 개업공인중개사도 손해배상책임이 없다.

⑤ 고용인의 업무상 행위로 재산상 손해를 입은 중개의뢰인은 개업공인중개사의 보증기
관에 보증금(보험금)을 청구할 수 있다.

(3) **형사상 책임**(행정형벌) ⇨ **벌금, 양벌규정**

① 고용인의 형사상 책임 : 3년 − 3천과 1년 − 1천이 그대로 적용된다. ⇨ 징역형 선고도
가능하고, 벌금형 선고도 가능하다.

② 개업공인중개사의 형사상 책임(양벌규정) : 해당 조에 규정된 벌금형(징역형×)을 선고
받을 수 있다.
OX 고용인의 업무상 위반행위를 이유로 개업공인중개사는 징역형을 선고받을 수 있다.(×)

③ 개업공인중개사가 위반행위를 방지하기 위하여 상당한 주의와 감독을 게을리하지 않
은 경우(= 무과실인 경우) 벌금형을 선고받지 않는다. ⇨ 면책규정이 있다.

④ 양벌규정으로 벌금형 선고를 받아도 결격사유가 아니다.

⑤ 고용인과 개업공인중개사가 동일한 금액의 벌금형을 선고받는 것은 아니다. ⇨ 양벌규
정은 벌금형을 따온다는 의미이지, 벌금 액수를 동일하게 선고한다는 의미는 아니다.

(4) 행정상 책임(행정처분) ⇨ 취소, 정지

① 소속공인중개사의 행정상 책임: 자격정지처분을 받을 수 있다.

중개보조원의 행정상 책임: 행정처분을 받지 않는다.

② 개업공인중개사의 행정상 책임: 개업공인중개사는 고용인의 업무상 위반행위로 행정처분(절.등.취, 임.등.취, 업무정지)을 받는다. ⇨ 면책규정이 없다.

> **OX** 고용인이 절대적 등록취소에 해당하는 위반행위를 한 경우 개업공인중개사의 등록을 취소하여야 한다.(○)
>
> 고용인이 임의적 등록취소에 해당하는 위반행위를 한 경우 개업공인중개사의 등록을 취소할 수 있다.(○)
>
> 고용인이 업무정지에 해당하는 위반행위를 한 경우 개업공인중개사는 업무정지처분을 받을 수 있다.(○)

제3절 중개사무소

1 중개사무소 설치기준

(1) 이중사무소 설치금지의 원칙

개업공인중개사는 등록관청 관할구역 안에 1개의 중개사무소만을 둘 수 있다(아내는 1명이다). ⇨ 위반시 임의적 등록취소사유에 해당하고, 1년 - 1천에도 해당한다.

(2) 이중사무소 설치금지의 예외

법인인 개업공인중개사는 관할구역 외의 지역에 분사무소를 둘 수 있다.

> **OX** 법인인 개업공인중개사는 관할구역 내에 분사무소를 둘 수 있다.(×)
>
> 개인인 개업공인중개사는 관할구역 외에 분사무소를 둘 수 있다.(×)

(3) 이동이 용이한 임시 중개시설물 설치금지

중개업을 하기 위해서 천막, 파라솔 등을 설치하는 것은 금지된다. ⇨ 위반시 임의적 등록취소사유에 해당하고, 1년 - 1천에도 해당한다.

참고

이중사무소 설치와 임시 중개시설물 설치(떴다방 영업)의 제재

떴다방 영업
- 이중사무소 ──── 임.등.취 + 1년 - 1천
  (중개사무소 외에 무허가 창고시설을 설치한 경우)
- 임시 중개시설물 ──── 임.등.취 + 1년 - 1천
  (중개사무소 외에 천막 또는 파라솔을 설치한 경우)

OX 개업공인중개사에게 이중사무소의 설치와 임시 중개시설물의 설치는 처벌규정이 동일하다.(○)

주의

① 이중으로 중개사무소의 개설등록 = 이중등록
　⇨ 절대적 등록취소사유
② 둘 이상의 중개사무소를 둔 경우 = 이중사무소
　⇨ 임의적 등록취소사유

2 분사무소 설치절차

(1) 알아두기

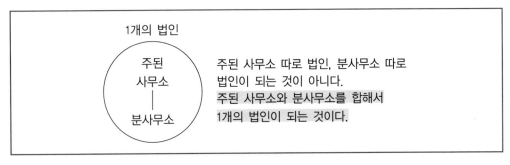

1개의 법인

주된
사무소
│
분사무소

주된 사무소 따로 법인, 분사무소 따로
법인이 되는 것이 아니다.
주된 사무소와 분사무소를 합해서
1개의 법인이 되는 것이다.

① 주된 사무소는 본사를 의미하고, 분사무소는 지점을 의미한다.

② 개인과 법인 둘 다 등록은 한 번만 해야 한다.
　⇨ 따라서 분사무소는 설치신고를 한다.
　OX 분사무소를 설치하기 위해서 등록신청을 해야 한다.(×)
　　 분사무소를 설치하기 위해서 인가를 받아야 한다.(×)

③ 주된 사무소 등록관청이 등록관청이다.
　⇨ 등록관청도 한 군데이다. 따라서 분사무소 입장에서도 주된 사무소 등록관청이 등록관청이다.

④ 분사무소와 관련된 모든 일 처리는 주된 사무소 등록관청에서 한다.

⑤ 다른 법률에 따라 중개업을 할 수 있는 법인(= 특수법인)도 분사무소를 둘 수 있다.

(2) 설치절차

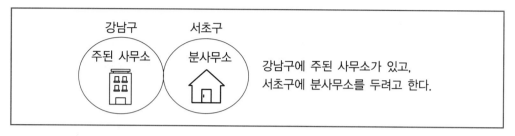

① 설치신고

　㉠ 누가?: 법인만(중개법인 + 특수법인) 할 수 있다. 따라서 개인은 할 수 없다.

　㉡ 어디에?: 주된 사무소 등록관청에 설치신고를 해야 한다.

　㉢ 수수료: 해당 지방자치단체의 조례가 정하는 바에 따라 수수료를 납부해야 한다.

　㉣ 업무보증을 추가로·미리 설정해야 한다(중개사고 발생확률이 높으니까 추가로 설정, 미리 보험 드는 것이 가능하니까 미리 설정, 주된 사무소 − 4억원 이상, 분사무소 − 2억원 이상).

등록절차	설치절차	
등록을 하고 업무개시 전에 업무보증 설정 ⇩ 등록신청시 보증설정증명서류 제출×	설치신고 전에 미리 업무보증 설정 ⇩ 설치신고시 보증설정증명서류 제출○	법인 = 4억원 + (2억원×1) = 6억원 주 분

② 설치기준 심사

　㉠ 지역요건: 주된 사무소 소재지 시·군·구 제외 다른 시·군·구에 설치(시·도 ×, 주된 사무소 소재지 시·군·구 포함×, 모든 시·군·구에 설치×)

　㉡ 개수요건: 1개소 초과 금지(= 2개 이상 설치 금지 = 1개소만 설치)

　　⇨ 지역요건과 개수요건은 다른 법률에 따라 중개업을 할 수 있는 법인에도 적용된다.

　㉢ 책임자 요건: 분사무소 책임자는 공인중개사일 것

　　⇨ 책임자 요건은 다른 법률에 따라 중개업을 할 수 있는 법인에는 적용되지 않는다.

　　OX 다른 법률에 따라 중개업을 할 수 있는 법인의 분사무소책임자는 공인중개사이어야 한다.(×)

> **주의**
>
> ① 다른 법률에 의해 중개업을 할 수 있는 법인은 분사무소 책임자가 공인중개사가 아니어도 된다.
> ② 다른 법률에 의해 중개업을 할 수 있는 법인은 2천만원 이상의 업무보증을 설정해야 한다.

③ 신고확인서 교부(설치신고를 받은 날부터 7일 이내)

    ㉠ 서면통지절차는 없다. ⇨ 분사무소는 등록을 하지 않았으니까

    ㉡ 신고확인서를 교부받으면 업무개시 ⇨ 주된 사무소의 인장을 사용할 수 있고, 보험을 미리 들었기 때문에 업무를 개시할 수 있다.

④ 통보: 주된 사무소 등록관청(알고 있음)이 분사무소 설치예정지역을 관할하는 시장·군수 또는 구청장(몰랐음)에게 지체 없이 통보하여야 한다.

3 중개사무소의 공동사용 ⇨ 중개사무소만 공동사용 ○, 동업 ×

(1) 공동사용의 방법

① 공동사용을 위하여 각자 등록신청, 각자 이전신고, 각자 설치신고를 한다(공동사용신청×, 다른 개업공인중개사의 승낙서 첨부○, 임대인 승낙서×, 건물주 승낙서×).

② 중개사무소만 공동으로 사용하고(월세는 1/n) 나머지는 모두 각자 한다.
사무소 이전신고도 각자 한다(대표자 일괄 신고×).

    OX 중개사무소를 공동으로 사용하는 개업공인중개사는 대표자의 인장을 등록할 수 있다.(×)

(2) 공동사용의 제한

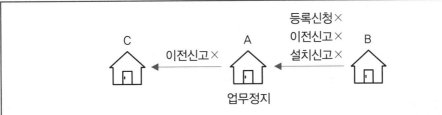

업무정지 중인 A의 사무소에 B가 후발적으로 들어갈 수 없고, 업무정지 중인 A가 이전신고로 C의 사무소에 들어갈 수 없다. 그러나 A와 B가 공동사용하던 중 A가 업무정지를 받은 경우에 B는 계속 공동사용할 수 있다. ⇨ 업무정지는 후발적 공동사용이 안 된다.

① 업무정지 중인 개업공인중개사가 공동사용을 위하여 다른 개업공인중개사에게 승낙서를 줄 수 없다. 그러나 업무정지를 받기 전부터 공동사용한 경우에는 계속 사용해도 된다.

② 업무정지 중인 개업공인중개사가 공동사용을 위하여 다른 중개사무소에 이전신고를 할 수 없다.

4 중개사무소 이전

(1) 알아두기

① 중개사무소는 개인사무소와 주된 사무소만 의미한다. 분사무소 이전은 별도로 학습한다.

② 이전신고는 무조건 해야 하고, 사후신고이다(이전한 경우에 신고한다).

 OX 중개사무소를 이전하고자 하는 경우 이전신고를 해야 한다.(×)

③ 이전신고시 첨부서류 : 등록증과 사무소확보증명서류

④ 관내 이전(예 강남구 ⇨ 강남구)
 관외 이전(예 강남구 ⇨ 서초구)

⑤ 등록관청이 바뀌면 '이전 전(종전) 등록관청'과 '이전 후 등록관청'이라고 불러 준다.

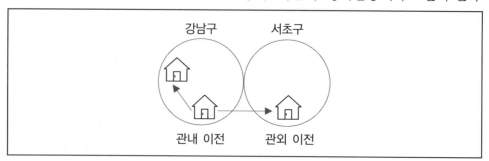

(2) 관내 이전

① 이전신고(10일 이내에) : 등록관청에 이전신고를 해야 한다.

② 등록증 재교부(7일 이내에) : 재교부가 원칙이지만 변경사항을 적어 교부할 수 있다.

(3) 관외 이전 ⇨ 중개사무소 관외 이전의 경우만 등록관청이 변경된다.

① 이전신고(10일 이내에) : 이전 후 등록관청에 이전신고를 해야 한다.

② 등록증 재교부(7일 이내에) : 무조건 등록증을 재교부해야 한다(변경사항을 적어 교부×).

③ 서류송부요청 : 이전 후 등록관청(알고 있음)이 이전 전 등록관청(몰랐음)에게 서류송부를 요청해야 한다.

④ 서류송부(이전 전 등록관청이 이전 후 등록관청에게 지체 없이) : 관련 서류를 송부해야 한다.

> **🐦 송부서류**
>
> 1. 등록대장(등록증× ⇨ 등록증은 첨부서류이다.)
> 2. 개설등록신청서류
> 3. 최근 1년간 행정처분 및 행정처분절차가 진행 중인 경우 그 관련 서류(= 행정처분 관련 서류)
> ⇨ 이전 전 사유로 인한 행정처분을 이전 후 등록관청이 행한다. '최근 1년간 행정처분을 받은 서류'는 상습범 때문에 송부하는 것이다.

> **주의**
>
> ① 부칙상 개업공인중개사도 전국 어디로든지 사무소를 이전할 수 있다.
>
> ② 사무소 이전으로 시·도가 바뀌면 업무지역이 변경된다.
>
>   **예** 서울에서 부산으로 사무소를 이전하면 업무지역이 서울에서 부산으로 변경된다.

5 분사무소 이전

(1) 알아두기

① 이전신고는 무조건 해야 하고, 사후신고이다.

② 이전신고 시 첨부서류 : 신고확인서(등록증×)와 분사무소확보증명서류

③ 관내 이전(**예** 서초구 ⇨ 서초구)

   관외 이전(**예** 서초구 ⇨ 송파구)

④ 주된 사무소 등록관청이 등록관청이다. ⇨ 분사무소가 어디로 이전을 하든 주된 사무소 등록관청은 변하지 않는다.

⑤ 분사무소와 관련된 모든 일 처리는 주된 사무소 등록관청에서 한다.

⑥ 분사무소를 주된 사무소 소재지 시·군·구 안으로 이전할 수 없다. ⇨ 설치기준이 적용된다.

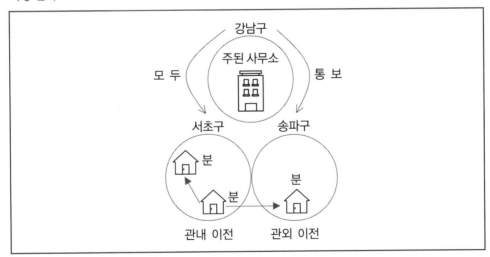

(2) 관내 이전

① 이전신고(10일 이내에) : 주된 사무소 등록관청에 이전신고를 해야 한다.

② 신고확인서 재교부(7일 이내에) : 재교부가 원칙이지만 변경사항을 적어 교부할 수 있다.

(3) 관외 이전

① 이전신고(10일 이내에): 주된 사무소 등록관청에 이전신고를 해야 한다.

② 신고확인서 재교부(7일 이내에): 무조건 신고확인서를 재교부해야 한다(변경사항을 적어 교부×).

③ 통보: 주된 사무소 등록관청(알고 있음)이 이전 전(몰랐음) 및 이전 후(몰랐음) 분사무소 관할관청에 지체 없이 모두 통보해야 한다.

> **주의**
>
> ① 분사무소 이전에서는 관내 이전이든 관외 이전이든 서류송부요청, 서류송부절차가 없다.
>   ⇨ 주된 사무소 등록관청은 바뀌지 않기 때문에
> ② 이전신고 기한 내에 이전신고를 하지 않으면 100만원 이하의 과태료 ⇨ 중개사무소든 분사무소든 관내 이전이든 관외 이전이든 이전신고를 하지 않으면 모두 다 100만원 이하의 과태료
> ③ 분사무소 관내 이전에도 통보절차가 있다. ⇨ 관내 이전의 경우에도 분사무소 관할관청은 이전사실을 모르기 때문에 통보를 해줘야 한다.
> ④ 재교부가 되면 재교부에 따른 수수료를 납부해야 한다. but 변경사항을 적어 교부하는 경우에는 수수료를 납부하지 않는다.

제4절 | 사무소 명칭 사용의무와 중개대상물에 대한 표시 · 광고

1 사무소 명칭 사용의무

사무소 명칭	공인중개사사무소	부동산중개
법인인 개업공인중개사	사용○	사용○
공인중개사인 개업공인중개사	사용○	사용○
부칙상 개업공인중개사	사용×	사용○
등록하지 않은 공인중개사	사용×	사용×

① 등록을 하지 않은 공인중개사는 "공인중개사" 사용○(例 카톡에 '공인중개사 홍길동')

② 개업공인중개사가 아닌 자가 "공인중개사사무소", "부동산중개" 또는 이와 유사한 명칭을 사용하면 1년 이하의 징역 또는 1천만원 이하의 벌금에 처한다.

OX 모든 개업공인중개사는 '공인중개사사무소'라는 명칭을 사용할 수 있다.(×)
모든 개업공인중개사는 '부동산중개'라는 명칭을 사용할 수 있다.(○)

2 옥외광고물에 성명표기의무

① 개업공인중개사는 옥외광고물(간판)을 설치하는 경우 등록증에 기재된 성명을 표기해야 한다(옥외광고물 설치의무×, 옥외광고물에 연락처 표기의무×, 옥외광고물에 등록번호 표기의무×). 옥외광고물에 연락처와 등록번호 표기의무는 없지만, 표시·광고시 연락처와 등록번호 명시의무는 있다.

② 분사무소에서는 분사무소책임자 성명을 표기해야 한다(대표자 성명을 표기×).

    OX 분사무소 벽면이용간판에 대표자 성명과 책임자 성명을 함께 표기해야 한다.(×)

③ 사무소 명칭 사용의무를 위반한 간판과 성명표기를 위반한 간판에 대해서는 등록관청이 철거명령을 할 수 있다. 철거명령 불이행시 행정대집행법에 의해 대집행을 할 수 있다. ⇨ 시·도지사가 철거명령×, 국토교통부장관이 철거명령×, 민사집행법에 의한 대집행×

④ 사무소 이전, 폐업신고, 등록취소의 경우 지체 없이(1개월 이내×) 간판을 철거해야 하고, 철거하지 않으면 행정대집행법에 의해 대집행할 수 있다.

    OX 휴업신고를 한 경우와 업무정지처분을 받은 경우에 지체 없이 간판을 철거해야 한다.(×)

> **참고**
>
> **대집행**
>
> ┌ 사무소 명칭과 성명표기 위반　　⇨ 철거명령○ ⇨ 철거× ⇨ 대집행
> └ 사무소 이전, 폐업신고, 등록취소　⇨ 지체 없이 철거 ⇨ 철거× ⇨ 대집행
> 　　　　　　　　　　　　　　　　　　(철거명령×)
>
> **OX** 개업공인중개사가 아닌 자(일을 하고 있음)의 간판에 대해서 철거명령을 할 수 있다.(○)

3 중개대상물에 대한 표시·광고

① 모든 표시·광고에 공통: 개업공인중개사가 의뢰받은 중개대상물에 대하여 표시·광고를 하려면 등록번호를 명시하여야 하며, 중개보조원에 관한 사항은 명시해서는 아니 된다. ⇨ 위반시 100만원 이하의 과태료

> **주의**
>
> 소속공인중개사와 관련된 사항은 명시해도 되지만 명시해야 하는 의무가 있는 것은 아니다.

🔎 **모든 표시·광고에 공통적으로 명시해야 하는 사항**

> 1. 사무소 명칭
> 2. 소재지, 연락처
> 3. 개업공인중개사의 성명(법인의 경우 대표자 성명)
>   ⇨ 사무소 이름(명칭)과 위치(소재지)를 알면 찾아 올 수 있다. 만약 못 찾으면 전화(연락처)하면 된다. 찾아와서 "사장님(성명) 계세요?"라고 물어 본다.

② 개업공인중개사가 인터넷을 이용하여 중개대상물에 대한 표시·광고를 하는 때에는 중개대상물의 종류별로 대통령령으로 정하는 소재지, 면적, 가격 등의 사항을 명시하여야 한다. ⇨ 위반시 100만원 이하의 과태료

🔖 인터넷을 이용한 건축물에 대한 표시·광고시 명시해야 하는 사항

1. 총 층수
2. 건축법 또는 주택법 등 관련 법률에 따른 사용승인·사용검사·준공검사 등을 받은 날
3. 해당 건축물의 방향, 방의 개수, 욕실의 개수, 입주가능일, 주차대수 및 관리비

③ 개업공인중개사는 중개대상물에 대하여 다음의 어느 하나에 해당하는 부당한 표시·광고를 하여서는 아니 된다. ⇨ 위반시 500만원 이하의 과태료

🔖 부당한 표시·광고 ⇨ 무(無)지 과장하고 축소해

1. 중개대상물이 존재하지 않아서[無] 실제로 거래를 할 수 없는 중개대상물에 대한 표시·광고
   ① 중개대상물이 존재하지만 실제로 중개의 대상이 될 수 없는[無] 중개대상물에 대한 표시·광고
   ② 중개대상물이 존재하지만 실제로 중개할 의사가 없는[無] 중개대상물에 대한 표시·광고
2. 중개대상물의 가격 등 내용을 사실과 다르게 거짓으로 표시·광고하거나 사실을 과장되게 하는 표시·광고
   ③ 중개대상물의 입지조건, 생활여건, 가격 및 거래조건 등 중개대상물 선택에 중요한 영향을 미칠 수 있는 사실을 빠뜨리거나 은폐·축소하는 등의 방법으로 소비자를 속이는 표시·광고
3. 그 밖에 표시·광고의 내용이 부동산거래질서를 해치거나 중개의뢰인에게 피해를 줄 우려가 있는 것으로서 대통령령으로 정하는 내용의 표시·광고

④ 개업공인중개사가 아닌 자는 중개대상물에 대한 표시·광고를 하여서는 아니 된다. ⇨ 위반시 1년 − 1천

참고

표시·광고 관련 제재
┌ 개업공인중개사가 표시·광고시 명시사항을 위반한 경우
│ ⇨ 100만원 이하의 과태료, 포상금 지급대상×
├ 개업공인중개사가 부당한 표시·광고를 한 경우
│ ⇨ 500만원 이하의 과태료, 포상금 지급대상×
└ 개업공인중개사가 아닌 자가 표시·광고를 한 경우
   ⇨ 1년 − 1천(2글자), 포상금 지급대상○

4 인터넷 표시 · 광고 모니터링

① 국토교통부장관은 인터넷을 이용한 중개대상물에 대한 표시 · 광고가 규정을 준수하는지 여부를 모니터링할 수 있다.

② 국토교통부장관은 모니터링을 위하여 필요한 때에는 정보통신서비스 제공자에게 관련 자료의 제출을 요구할 수 있다. 이 경우 관련 자료의 제출을 요구받은 정보통신서비스 제공자는 정당한 사유가 없으면 이에 따라야 한다. ⇨ 위반시 500만원 이하의 과태료

③ 국토교통부장관은 모니터링 결과에 따라 정보통신서비스 제공자에게 이 법 위반이 의심되는 표시 · 광고에 대한 확인 또는 추가정보의 게재 등 필요한 조치를 요구할 수 있다. 이 경우 필요한 조치를 요구받은 정보통신서비스 제공자는 정당한 사유가 없으면 이에 따라야 한다. ⇨ 위반시 500만원 이하의 과태료

④ 국토교통부장관은 다음의 어느 하나에 해당하는 기관에 모니터링 업무를 위탁할 수 있다.

> **🏹 모니터링 기관**
>
> 1. 공공기관
> 2. 정부출연연구기관
> 3. 비영리법인으로서 인터넷 표시 · 광고 모니터링 또는 인터넷 광고 시장 감시와 관련된 업무를 수행하는 법인
> 4. 그 밖에 인터넷 표시 · 광고 모니터링 업무 수행에 필요한 전문인력과 전담조직을 갖췄다고 국토교통부장관이 인정하는 기관 또는 단체
> **OX** 협회는 모니터링 기관이 될 수 있다.(×)

⑤ 인터넷 표시 · 광고 모니터링 업무
   ㉠ 기본 모니터링 업무: 분기별로 실시하는 모니터링(ㅂ - ㅂ)
   ㉡ 수시 모니터링 업무: 위반사실이 의심되는 경우 등에 실시하는 모니터링(ㅅ - ㅅ)

⑥ 모니터링 기관은 계획서를 국토교통부장관에게 제출해야 한다. ⇨ 모니터링을 하기 전
   ㉠ 기본 모니터링 업무: 다음 연도의 모니터링 기본계획서를 매년 12월 31일까지 제출
   ㉡ 수시 모니터링 업무: 모니터링의 기간, 내용 및 방법 등을 포함한 계획서를 제출

⑦ 모니터링 기관은 결과보고서를 국토교통부장관에게 제출해야 한다. ⇨ 모니터링을 한 후
   ㉠ 기본 모니터링 업무: 매 분기의 마지막 날부터 30일 이내
   ㉡ 수시 모니터링 업무: 해당 모니터링 업무를 완료한 날부터 15일 이내

| 기억하기 | 기본 모니터링 : 30일 |

귀를 본뜨면 30   내 귀에 30~♫

⑧ 국토교통부장관은 제출받은 결과보고서를 시·도지사 및 등록관청에게 통보하고 필요한 조사 및 조치를 요구할 수 있다. 요구를 받은 시·도지사 및 등록관청은 신속하게 조사 및 조치를 완료하고, 완료한 날부터 10일 이내에 그 결과를 국토교통부장관에게 통보해야 한다.

제5절 | 인장등록과 휴업·폐업

1 인장등록 ⇨ 법인 따로, 개인 따로

☗ 인장등록 의무자와 등록해야 하는 인장

법인인 개업공인중개사 ─┬─ **주된 사무소** : 신고한 법인의 인장(대표자 인장×)
　　　　　　　　　　　└─ **분사무소** : 신고한 법인의 인장을 사용하는 것이 원칙. 대표자가 보증하는 인장을 **등록할 수 있다.**

OX 주된 사무소에서 사용할 인장도 신고한 법인의 인장 외의 별도의 인장을 등록할 수 있다.(×)
분사무소에서 사용할 인장의 경우에는 법인이 보증하는 인장을 등록할 수 있다.(×)
분사무소에서 사용할 인장의 경우에는 책임자가 보증하는 인장을 등록할 수 있다.(×)

공인중개사인 개업공인중개사 ─┐
부칙상 개업공인중개사 　　　　├─▶ 가족관계등록부 또는 주민등록표에 기재된 성명이 나타난 인장으로서 그 크기가 가로, 세로 각각 7mm 이상 30mm 이내일 것
소속공인중개사 　　　　　　　┘

OX 개인인 개업공인중개사는 주민등록표에 기재되어 있는 성명이 나타난 인장으로서 가로 10mm 세로 20mm인 인장을 등록할 수 있다.(○) ⇨ 사례문제

주의 중개보조원은 인장등록의무×, 자격증 없는 임원 또는 사원은 인장등록의무×

(1) 인장등록의 방법

① 법인 : 인감증명서 제출로 갈음한다(변경등록시에도 인감증명서 제출로 갈음한다).

② 개인 : 인장등록신고서를 제출한다(변경등록시에는 등록인장변경신고서를 제출한다).

③ 인장등록과 변경등록 모두 전자문서에 의한 등록이 가능하다.

(2) 인장등록의 장소

① 등록관청(법인의 경우 주된 사무소 등록관청)

② 분사무소에서 사용할 인장의 경우도 주된 사무소 등록관청(분사무소 소재지 시장·군수 또는 구청장×)

(3) 인장등록의 시기

① 신규등록시 : 업무개시 전까지(개업공인중개사의 인장등록은 등록신청과 같이 할 수 있다. 소속공인중개사의 인장등록은 고용신고와 같이 할 수 있다.)

② 변경등록시 : 변경일부터 7일 이내 변경등록(10일×)

(4) 인장등록 위반시

① 개업공인중개사 및 소속공인중개사는 인장을 등록하여야 하고, 등록한 인장을 사용하여야 한다.

② 인장 관련 위반을 하면 개업공인중개사는 업무정지사유, 소속공인중개사는 자격정지사유

OX 개업공인중개사는 자격정지사유(×), 소속공인중개사는 업무정지사유(×)

③ 등록하지 않은 인장을 날인한 서면의 효력은 유효하다. ⇨ 단속규정이니까

---

2 휴업·폐업

☁ 휴업신고	☁ 재개신고·변경신고	
① 3개월 이하 휴업 : 신고× ⟶	×	×
② 3개월 초과 휴업 : 신고○ ⟶	○	○
③ 6개월 초과 휴업 : 신고○ ⟶	○	○

중개업에서 6개월 초과 휴업은 입영·취학·요양·임신 또는 출산 그 밖의 이에 준하는 사유가 있을 때만 가능하다. 또한 재개신고와 변경신고는 휴업신고를 하고 휴업한 경우에만 해야 한다.

OX 3개월 이상 휴업을 하고자 하는 때에는 휴업신고를 해야 한다.(×)

3개월 휴업시 휴업신고를 해야 한다.(×)

2개월 휴업 후 재개시 재개신고를 해야 한다.(×)

입영·취학·요양만 6개월 초과 부득이한 사유에 해당한다.(×)

(1) 신고절차

① (3개월 초과, 6개월 초과) 휴업신고, 재개신고, 변경신고, 폐업신고는 **모두 사전신고이다** (~하고자 하는 때○, ~한 때×).

> **OX** 폐업한 때에는 폐업신고를 해야 한다.(×)

② 휴업신고·폐업신고는 전자문서에 의한 신고가 인정되지 않는다(등록증 첨부○).

③ 재개신고·변경신고는 전자문서에 의한 신고가 인정된다(등록증 첨부×).

④ 사망과 해산은 둘 다 폐업신고를 하지 않는다.

개인 사망 ⇨ 절대적 등록취소사유 ⇨ 등록취소 ⇨ 등록증 반납×
그러나 법인 해산 ⇨ 절대적 등록취소사유 ⇨ 등록취소 ⇨ 등록증 반납○

⑤ 변경신고는 횟수 제한이 없다. ⇨ 계속할 수 있으니까 공무원을 짜증나게 하는 방법이 될 수 있다.

⑥ 재개신고를 받은 등록관청은 반납받은 등록증(분사무소의 경우 신고확인서)을 **즉시 반환** 하여야 한다(7일 이내×, 재교부×).

⑦ 분사무소만 휴업·폐업이 가능하다. 그 신고는 주된 사무소 등록관청에 한다(신고확인 서 첨부○, 등록증 첨부×).

⑧ 휴업·폐업신고서의 일괄 제출을 원하는 경우 등록관청 또는 관할 세무서장에게 중개 업휴업·폐업신고서와 부가가치세법상 휴업·폐업신고서를 함께 제출해야 한다(일괄 제출).

> **예** 관할 세무서장이 「부가가치세법 시행령」에 따라 공인중개사법령상의 휴업신고서를 함께 받아 이를 해당 등록관청에 송부한 경우에는 휴업신고서가 제출된 것으로 본다.

(2) 제 재

① 3개월 초과 휴업시 휴업신고를 하지 않거나 재개신고, 변경신고, 폐업신고를 하지 않 으면 100만원 이하의 과태료

② 부득이한 사유 없이 6개월 초과 휴업 : 임의적 등록취소사유(500만원 이하의 과태료×)

(3) 휴업의 효과 ⇨ ①~⑤는 업무정지와 공통점

① 휴업기간 중에 등록의 효력이 소멸하는 것이 아니다. 따라서 휴업기간 중에 다른 사무 소에 취업하면 이중소속에 해당하고, 다시 등록을 한다면 이중등록에 해당한다.

② 휴업기간 중에 사무소 이전은 가능하다.

③ 휴업기간 중에도 사무소는 유지해야 한다. 그러나 사무소를 중개업에 전용해야 하는 전용의무는 없다. ⇨ 전용의무가 없으므로 중개사무소에서 다른 영업을 할 수 있다.

④ 휴업사실 표시의무도 없고, 휴업기간 중에 간판 철거의무도 없다.

⑤ 휴업기간 중에 업무보증 유지의무도 없다.

⑷ 휴업과 업무정지의 차이점

① 휴업기간 중 폐업신고 ⇨ 언제든지 재등록이 가능하다.

그러나 업무정지는 폐업신고 후 남은 기간 동안 결격사유이므로 재등록이 안 된다.

② 휴업기간 중 중개업무 ⇨ 재개신고 안한 것을 이유로 100만원 과태료

그러나 업무정지는 그 기간 중에 중개업무를 재개하면 절대적 등록취소사유

③ 휴업신고시 등록증 첨부○, 휴업기간 만료 후 자동재개×(개재신고를 해야 함)

그러나 업무정지는 등록증 반납×, 자동재개○(정지면 가만히~)

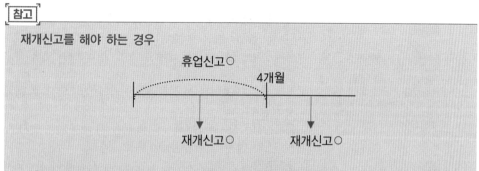

| 참고 |

재개신고를 해야 하는 경우

4개월 휴업시 휴업신고를 했다. 휴업기간 중에도 재개신고를 하고 재개할 수 있고, 휴업기간이 끝난 뒤에도 자동재개가 되는 것이 아니라 재개신고를 하고 재개하여야 한다. 휴업신고를 하고 휴업을 했으면 재개신고를 해야 하기 때문이다.

📌 등록관청이 다음 달 10일까지 협회에 통보

1. 등록증을 교부한 사항
2. 분사무소 설치신고를 받은 사항
3. 사무소 이전신고를 받은 사항
4. 휴업·폐업·재개·변경신고를 받은 사항
5. 고용인 고용·고용관계 종료신고를 받은 사항
6. 등록취소 또는 업무정지처분을 한 사항
   but 등록증 재교부×, 자격취소×, 자격정지×, 자격증 교부×, 자격증 재교부×
   ⇨ 즉, 자격 관련 사항은 협회에 통보×

참고

'7일'과 '지체 없이'

원칙: 정부가 해줄 때는 빨리 7일
① 등록신청을 받은 날부터 7일 이내에 서면통지
② 분사무소 설치신고를 받은 날부터 7일 이내에 신고확인서 교부
③ 사무소 이전신고를 받으면 7일 이내에 등록증 재교부
④ 인장을 변경한 경우 변경일부터 7일 이내에 변경 등록
⑤ 등록취소 후 등록증 반납과 자격취소 후 자격증 반납은 취소일부터 7일 이내에
⑥ 전속중개계약 체결 후 7일 이내에 정보공개

원칙: 자기들끼리는 지체 없이
① 등록관청은 신고확인서 교부 후 지체 없이 분사무소 관할관청에게 통보
② 사무소 이전시 이전 전 등록관청은 지체 없이 이전 후 등록관청에 서류 송부
③ 등록관청은 분사무소 이전신고를 받은 때 지체 없이 분사무소의 이전 전 및 이전 후 관할관청에 통보
④ 등록관청은 자격정지사유를 알게 된 때 지체 없이 시·도지사에게 통보
⑤ 자격증을 교부한 시·도지사가 자격취소 후 5일 이내에 국토교통부장관과 다른 시·도지사에게 통보
⑥ 부동산 거래신고에서 신고관청이 과태료 부과하고 10일 이내에 등록관청에 부과사실 통보

Chapter 05

중개계약 및 부동산거래정보망

1 중개계약의 당사자

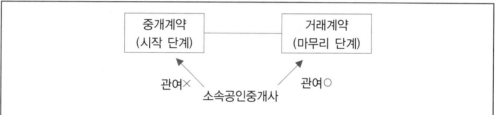

소속공인중개사는 중개계약(시작단계)에서는 할 수 있는 일이 없기 때문에 중개의뢰를 받으면 개업공인중개사에게 데리고 간다. '제가 한 명 데리고 왔습니다.~'

중개계약은 중개의뢰인과 개업공인중개사가 당사자이다(소속공인중개사×).

OX 소속공인중개사는 전속(일반)중개계약서를 작성하여야 한다.(×)
소속공인중개사는 전속(일반)중개계약서에 서명 또는 날인을 하여야 한다.(×)

2 중개계약의 종류 및 성격

① 일반중개계약 : 다수의 개업공인중개사에게 경쟁적으로 중개의뢰를 하는 중개계약이다. 우리나라에서 가장 일반적으로 행해진다. ⇨ 거래계약 체결이 지연된다. 중개의뢰인과 개업공인중개사 모두에게 불리하다.

② 전속중개계약 : 특정의 개업공인중개사에게만 중개의뢰를 하는 중개계약이다. ⇨ 거래계약 체결이 더 잘 된다. 중개의뢰인과 개업공인중개사 모두에게 유리하다.

③ 순가중개계약 : 의뢰금액과 거래금액의 차액을 보수로 갖기로 하는 계약이다. 순가중개계약 그 자체는 금지행위가 아니다. 받은 차액이 법정 중개보수의 한도를 초과하면 금지행위에 해당하게 된다.

④ 중개계약의 성격 : 낙성계약(요물계약×), 불요식계약(요식계약×), 유상계약(무상계약×), 쌍무계약(편무계약×), 임의계약(강제계약×)

OX 일반중개계약은 계약서의 작성 없이도 체결할 수 있다.(○)

www.pmg.co.kr

⑤ 어떤 중개계약을 체결할지는 중개의뢰인 자유이고, 개업공인중개사는 어떤 중개의뢰
든 거절할 수 있다(임의계약). ⇨ JS(진상) 때문에...

3 일반중개계약

① 중개의뢰인이 개업공인중개사에게 일반중개계약서의 작성을 요청할 수 있다.
　　⇨ 개업공인중개사는 요청받아도 일반중개계약서 작성의무는 없다.
② 국토교통부장관은 일반중개계약의 표준서식을 정하여 그 사용을 권장할 수 있다.
　　⇨ 표준서식은 있다. 그러나 표준서식의 사용의무는 없다.
③ 확인·설명의무(개업공인중개사)와 확인·설명시 협조의무(중개의뢰인)는 일반중개계
약과 전속중개계약의 공통된 의무이다.

> **주의**
> 일반중개계약은 개업공인중개사의 의무가 없다. but 확인·설명의무는 있다.

④ 일반중개계약서에 '중개보수'가 기재되어야 한다(유상계약이므로).
⑤ 유효기간: 3개월을 원칙으로 하되, 약정으로 달리 정할 수 있다.

> **참고**
> 표준서식 = 법정서식 = 별지서식
>
> ┌ 일반중개계약서: 표준서식 有
> └ 거래계약서: 표준서식 無
>
> 일반중개계약서와 거래계약서의 공통점은 국토교통부장관이 표준서식을 정하여 그 사용을 권
> 장할 수 있다.

4 전속중개계약을 체결한 개업공인중개사의 의무

① 개업공인중개사는 전속중개계약을 체결한 때에는 7일 이내에 부동산거래정보망 또는
일간신문에 중개대상물에 대한 정보를 공개하여야 한다. 다만, 중개의뢰인이 비공개
를 요청한 경우에는 이를 공개하여서는 아니 된다. ⇨ 중개의뢰인의 비공개 요청이 없
는 한 공개하여야 한다.
② 중개대상물에 관한 정보를 공개한 때에는 지체 없이 중개의뢰인에게 정보공개사실을
문서로 통지하여야 한다. ⇨ 문서로 통지하므로 통지방법에 제한이 있다.

③ 개업공인중개사는 중개의뢰인에게 전속중개계약 체결 후 2주일에 1회 이상 중개업무 처리상황을 문서로 통지하여야 한다(이주일 때문에 1회 이상 웃었다~). ⇨ 문서로 통지 하므로 통지방법에 제한이 있다.

> **OX** 개업공인중개사는 중개의뢰인에게 전속중개계약 체결 후 1주일에 2회 이상 중개업무처리상황 을 문서로 통지하여야 한다.(×)

④ 국토교통부령이 정하는 계약서(전속중개계약서 표준서식)를 사용하여야 한다.

⑤ 개업공인중개사는 전속중개계약을 체결한 때에는 해당 전속중개계약서를 3년간 보존 하여야 한다.

5 전속중개계약을 체결한 중개의뢰인의 의무

① 유효기간 내에 다른 개업공인중개사에게 의뢰하여 거래한 경우(새가 된 경우) : 중개보 수에 해당하는 금액을 위약금으로 지급해야 한다.

② 유효기간 내에 개업공인중개사의 소개로 알게 된 자와 개업공인중개사 배제 후 직접 거래한 경우(완전히 새가 된 경우) : 중개보수에 해당하는 금액을 위약금으로 지급해 야 한다.

③ 유효기간 내에 스스로 발견한 상대방과 거래한 경우(운이 좋은 경우) : 중개보수의 50% 범위 안에서 소요된 비용을 지급한다(위약금을 지급×, 중개보수 50%를 지급×). 사회통념상 인정되는 것만 비용으로 인정된다(룸싸롱×).

> **예** 중개보수 100만원, 소요된 비용 60만원 ⇨ 비용 50만원
> 중개보수 100만원, 소요된 비용 30만원 ⇨ 비용 30만원
> 중개보수 100만원, 소요된 비용 0원 ⇨ 0원

> | 주의 |
> ① 전속중개계약 ⇨ 상대방 소개 ⇨ 개업공인중개사를 배제 후 직접 래 ⇨ 위약금 지급
> ② 일반중개계약 ⇨ 상대방 소개(결정적 기여) ⇨ 개업공인중개사를 배제 후 직접거래 ⇨ 중개 보수 지급

6 제재와 유효기간

① 전속중개계약 체결 후 7일 이내에 정보를 공개하지 않거나 비공개 요청에도 불구하고 정보를 공개한 경우에는 임의적 등록취소사유

② 전속중개계약서 표준서식을 사용하지 않거나 전속중개계약서를 3년간 보존하지 않은 경우는 업무정지사유

③ 유효기간 : 3개월로 한다. 다만, 약정으로 달리 정할 수 있다.

> **예** 2개월로 하자고 약정하면 2개월이고, 5개월로 하자고 약정하면 5개월이다.

7 권리취득용 일반(전속)중개계약서 표준서식 기재사항

> **기억하기** **권리취득용 기재사항**
>
> 집을 사는 사람(취득하려는 사람)이 희망에 부풀어 있다. ⇨ '희망'이 보이면 권리취득용이다!

① 희망물건, 취득희망가격, 희망지역, 그 밖의 희망조건은 권리취득용 기재사항이다.

② 유효기간, 중개보수, 손해배상책임은 권리이전용과 권리취득용에서 공통된 기재사항이다.

8 전속중개계약 체결 후 공개해야 하는 정보

권 태 기 예 공 조 + 취 중 바닥 토	전속중개계약 체결 후 공개해야 하는 정보	확인·설명사항
소유권, 저당권 등 권리관계	○ (다만, 권리자의 주소·성명 등 인적사항은 공개하지 아니한다.) 신상 탈탈 털린다.	○
수도, 전기, 가스, 소방, 열공급, 승강기, 오수, 폐수 등 상태	○	○
벽면 및 도배상태	○	○
기본적 사항 = 표시사항 = 특정하기 위하여 필요한 사항 = 사실관계 (소재, 지번, 지목, 면적, 구조, 용도, 건축연도)	○	○
거래예정금액	○	○
공법상 이용제한 및 거래규제	○	○
일조, 소음, 진동 등 환경조건	○	○
도로, 대중교통 등 입지조건	○	○
취득함에 따라 부담해야 할 조세의 종류 및 세율	✕	○
중개보수 및 실비의 금액과 산출내역	✕	○
바닥면의 상태	✕	○
토지이용계획	✕	○
공시지가	○ (임대차의 경우 공시지가는 공개하지 아니할 수 있다.)	✕

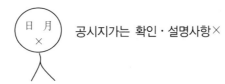

<table>
<tr><td colspan="2" style="border:1px solid;">
기억하기   비공개 시리즈

공시지가는 확인 · 설명사항×

① 중개의뢰인이 비공개 요청시 공개하여서는 아니 된다.
② 권리자(예 임차인, 저당권자)의 주소 · 성명 등 인적 사항은 공개하여서는 아니 된다.
③ 임대차에서 공시지가는 공개하지 아니할 수 있다.
</td></tr>
</table>

제2절   부동산거래정보망

1 알아두기

① 부동산거래정보망은 개업공인중개사들만 이용하는 인터넷 사이트를 말한다(직방×, 다방×).

② 거래정보사업자는 인터넷 사이트 운영자를 말한다.

2 지정자, 지정 목적

① 국토교통부장관(시 · 도지사×. 등록관청×)이 지정권자이다. ⇨ 부동산거래정보망에서는 무조건 국토교통부장관이다.

② 개업공인중개사 상호 간(개업공인중개사와 중개의뢰인 상호 간×)에 정보의 공개를 위하여 지정할 수 있다.

3 지정절차

(1) 지정신청

① 전기통신사업법에 의한 부가통신사업자만 지정신청을 할 수 있다.

   OX 부가통신사업자가 아닌 자도 요건을 갖추면 거래정보사업자로 지정받을 수 있다.(×)

② 법인도 지정신청을 할 수 있고, 개인도 부가통신사업자가 될 수 있으므로 지정신청을 할 수 있다.

   OX 일반법인(○), 협회(○), 중개법인(×)

③ 지정을 받고자 하는 자는 국토교통부장관에게 지정신청서를 제출해야 한다(신청자 입장). 그러나 국토교통부장관은 부동산거래정보망을 설치·운영할 자를 지정할 수 있다(국토교통부장관 입장).

④ 행정수수료를 납부하지 않는다(수수료를 납부하는 여섯 가지에 해당하지 않기 때문에).

⑤ 지정신청시 자격증 사본을 제출해야 한다. ⇨ 국토교통부장관에게 신청한 경우니까

(2) 지정요건 심사

① 회원 요건: 개업공인중개사(공인중개사×)의 총수는 5백명 이상, 2개 이상의 특별시·광역시·도·특별자치도, 각각 30명 이상

② 직원 요건: 정보처리기사 1명 이상 확보, 공인중개사 1명 이상 확보(개업공인중개사 1명 이상×)

OX 거래정보사업자로 지정받으려는 자는 공인중개사이어야 한다.(×)

③ 컴퓨터 요건: 국토교통부장관이 정하는 용량 및 성능을 갖춘 컴퓨터 설비 확보(거래정보사업자의 컴퓨터○, 개업공인중개사의 컴퓨터×)

(3) 지정서 교부

지정신청을 받은 날부터 30일 이내 지정하고, 지정대장에 기재한 후 지정서를 교부하여야 한다(지정대장은 특별한 사정이 없는 한 전자적인 처리가 가능한 방법으로 작성·관리를 해야 한다).

(4) 운영규정 제정·승인

지정받은 날(지정신청을 받은 날부터×)부터 3개월 이내 운영규정을 제정하여 국토교통부장관에게 승인을 받아야 한다. 이를 변경하고자 하는 때에도 또한 같다.

(5) 설치·운영

지정받은 날(지정신청을 받은 날부터×)부터 1년 이내 설치·운영을 하여야 한다.

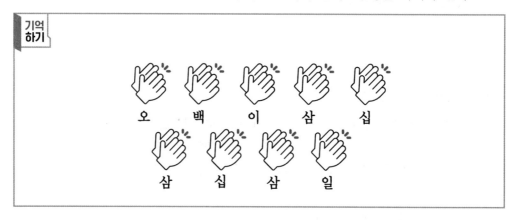

기억하기

오 백 이 삼 십
삼 십 삼 일

4 의 무

① 거래정보사업자의 의무 : 개업공인중개사로부터 **의뢰받은** 것(중개의뢰인으로부터 의뢰받은 것×)만 공개해야 하고, **의뢰받은** 내용과 다르게 공개해선 안 되고, **차별적으로** 공개해서는 안 된다. ⇨ 위반시 지정취소사유에 해당하고, 1년 - 1천에도 해당한다(의 의 차).

② 개업공인중개사의 의무 : 부동산거래정보망에 중개대상물의 정보를 거짓 공개해서는 안 되고, 거래완성의 사실을 지체 없이 거래정보사업자에게 통보해야 한다(거래정보사업자가 개업공인중개사에게 통보×). ⇨ 위반시 업무정지사유

5 지정취소사유 ⇨ 임의적 지정취소

① 거짓 그 밖의 부정한 방법으로 지정을 받은 경우(행정형벌 없음)

② 운영규정의 승인을 받지 않거나 운영규정을 위반하여 운영한 경우(500만원 이하의 과태료에도 해당됨) ⇨ 운영을 잘 못함

③ 개업공인중개사로부터 의뢰받지 않은 정보를 공개하거나 의뢰받은 것과 다르게 공개하거나 개업공인중개사별로 차별적 공개한 경우(1년 - 1천에도 해당됨) ⇨ 운영을 잘 못함

④ 정당한 사유 없이 1년 이내에 설치·운영을 하지 않은 경우

⑤ 개인의 사망, 법인의 해산 등으로 계속적인 운영이 불가능한 경우

⇨ 지정을 **취소**하고자 하는 경우 **청문**을 실시하여야 한다(취 - 취, but 사망·해산은 청문 제외).

OX 취소하고자 하는 경우 청문을 실시하여야 한다.(○) ⇨ 법조문이니까 맞다.

취소하고자 하는 경우 반드시 청문을 실시하여야 한다.(×) ⇨ 예외가 있으니까 틀리다.

> [참고]
>
> **부정 시리즈**
> ① 부정한 방법으로 등록한 경우 : 등록이 가장 등신된다(등 - 등).
>   ⇨ 절대적 등록취소사유 + 3년 - 3천
> ② 부정한 방법으로 자격을 취득한 경우
>   ⇨ 자격취소사유(행정형벌×)
> ③ 부정한 방법으로 지정을 받은 경우
>   ⇨ 지정취소사유(행정형벌×)

6 부동산거래정보망을 이용하여 거래가 이루어지는 절차

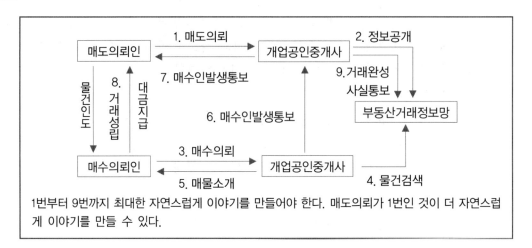

1번부터 9번까지 최대한 자연스럽게 이야기를 만들어야 한다. 매도의뢰가 1번인 것이 더 자연스럽게 이야기를 만들 수 있다.

Chapter 06

개업공인중개사의 업무상 의무

제1절 **금지행위**

1 법 제33조 제1항의 금지행위(개업공인중개사 등의 금지행위)

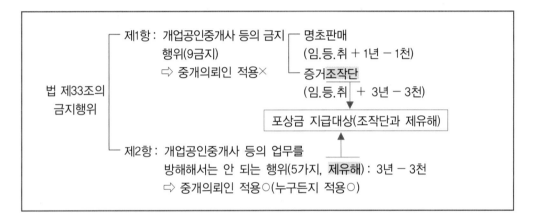

(1) 법 제33조 제1항의 금지행위의 효과 = 개업공인중개사 등의 금지행위(9금지)

① 개업공인중개사 등에게 적용된다. 따라서 중개보조원에게도 적용된다(중개보조원도 금지행위를 하면 행정형벌을 받는다). 그러나 중개의뢰인에게는 적용되지 않는다.

② 개업공인중개사에게 금지행위(9금지) 모두 임의적 등록취소사유에 해당한다.

③ 명·초·판·매 ⇨ 임의적 등록취소사유에 해당하고, 1년 - 1천에도 해당한다.

　　증·거·조·작·단 ⇨ 임의적 등록취소사유에 해당하고, 3년 - 3천에도 해당한다.

> **OX** 개업공인중개사가 금지행위(9금지)를 한 경우 등록을 취소할 수 있다.(○)
> 개업공인중개사가 금지행위(9금지)를 한 경우 등록을 취소하여야 한다.(×)
> 개업공인중개사가 금지행위(9금지)를 해서 300만원 벌금형을 선고받은 경우 등록을 취소하여야 한다.(○)

> **주의**
> 징역형과 벌금형은 선고를 받았다고 나온 경우만 고려해서 문제를 풀자! 추측하면 안 된다.

(2) 명 · 초 · 판 · 매, 1년 − 1천

① **명의를 이용하게 하는 행위 또는 중개의뢰를 받는 행위**(＝ 무등록 중개업자와 협력행위)
⇨ 포상금 지급대상×

⊙ 무등록 중개업자임을 알면서 협력행위를 해야 한다.

⊙ 둘 중 한 가지만 해도 금지행위에 해당한다.

⊙ 중개의뢰만 받으면 중개완성이 되지 않았더라도 금지행위에 해당한다.

② **초과보수 또는 초과실비를 받는 행위** ⇨ 포상금 지급대상×

⊙ 중개보수를 초과로 받아야 초과보수 금지행위에 해당한다. ⇨ 중개보수는 중개업을 통해서 받는 보수이다. 따라서 중개업이 아닌 분양대행을 하고 많이 받아도 초과보수 금지행위가 아니다. 중개업이 아닌 '위임 및 도급'을 하고 많이 받아도 초과보수 금지행위가 아니다. 중개대상물이 아닌 금전채권을 알선하고 많이 받아도 초과보수 금지행위가 아니다.

⊙ 공매대상 부동산의 취득의 알선에 대해서 중개보수 제한 규정이 적용된다. 따라서 많이 받으면 초과보수 금지행위에 해당한다.

⊙ 일방에게 받은 중개보수가 한도를 초과하면 초과보수 금지행위에 해당한다(쌍방 합산액으로 판단×). 실비는 실비 한도로 따로 판단한다(중개보수와 실비를 더해서 판단×).

⊙ 실제로 받아야 금지행위이다. 따라서 순가중개계약 그 자체는 금지행위가 아니다. 초과보수를 요구 · 약속만 한 경우에도 금지행위가 아니다. **알면서 받았다면 돌려줘도 금지행위에 해당한다.** 액면금액이 큰 어음(당좌수표)을 받고 나중에 부도나도 금지행위에 해당한다.

⊙ 어떤 명목(**예** 사례비, 수고비)으로도 금품을 더 받아서는 안 된다. 합의해서 더 받아도 안 된다. 물건을 더 받아도 안 되므로 법정 중개보수 외에 행운의 열쇠, 미술작품 등을 더 받아도 금지행위에 해당한다.

⊙ 지방자치단체의 조례를 잘못 해석하여 많이 받아도 초과보수 금지행위에 해당한다.
OX 아파트 분양권인데 상가요율을 적용해서 많이 받으면 초과보수 금지행위에 해당한다.(○)

⊙ 강행규정(효력규정): 초과 부분만 무효이다(전부 무효×, 초.강.력).
OX 직접거래 금지행위는 효력규정이다.(×)

③ **판단을 그르치는 행위** ⇨ 포상금 지급대상×

⊙ 거짓말을 하는 행위: 한 달 뒤에 몇 배 오른다고 거짓말함, 허위정보 제공(**예** 지하철이 뚫린다고 거짓말을 한 경우)

⊙ 기망행위: **서로 짜는 행위**(**예** 개업공인중개사가 매도인과 짜고 매수인을 속이는 것), 적극적 기망행위(**예** 사기치는 것), 소극적 기망행위(**예** 중요한 하자에 대해서 알면서 일부러 설명을 안 해주는 것)

ⓒ 속이거나 거짓말의 대상은 중요한 사항에 대한 것이어야 한다. **중개대상물의 가격은 중요한 사항에 해당한다.** 예 이 토지는 시세보다 싸게 나온 겁니다. ⇨ 판단을 그르치는 금지행위

④ 매매를 업으로 하는 행위 ⇨ 포상금 지급대상×

ⓐ 중개대상물을 사고, 파는 것을 계속적·반복적으로 하는 것을 말한다. 즉, '부동산매매업'이 금지행위이다. 그러나 부동산 임대업은 금지행위가 아니다.

ⓑ 중개대상물의 매매를 중개하는 것은 금지행위가 아니다.

 OX 건물 매매를 중개하는 것은 금지행위이다.(×)

ⓒ 1회성의 매매는 금지행위가 아니다.

ⓓ 자동차, 건축자재, 상가분양계약서 등은 중개대상물이 아니므로 매매를 업으로 해도 금지행위가 아니다.

🐦 대상물 비교

1. 아파트 분양권(중개대상물)
   아파트 분양권 매매를 중개하면 금지행위×
   아파트 분양권 매매를 업으로 하면 1년 − 1천의 금지행위

2. 청약통장(금지 증서)
   청약통장 매매를 중개하면 3년 − 3천의 금지행위
   청약통장 매매를 업으로 하면 3년 − 3천의 금지행위

3. 상가분양계약서(아무 것도 아님)
   상가분양계약서 매매를 중개하면 금지행위×
   상가분양계약서 매매를 업으로 하면 금지행위×

(3) 증·거·조·작·단, 3년 − 3천

① 금지 증서의 매매·교환을 중개하거나 매매를 업으로 하는 행위 ⇨ 포상금 지급대상×

ⓐ 양도 등이 금지된 분양 등과 관련된 증서(금지 증서)에 해당하는 것: 입주자저축증서(예 청약통장), 주택상환사채, 철거민입주권증명서

ⓑ 양도 등이 금지된 분양 등과 관련된 증서(금지 증서)는 매매를 중개하거나 매매를 업으로 하는 것 모두 3년 − 3천의 금지행위에 해당한다.

② 쌍방대리, 직접거래 ⇨ 포상금 지급대상✕

🔺 **쌍방대리**

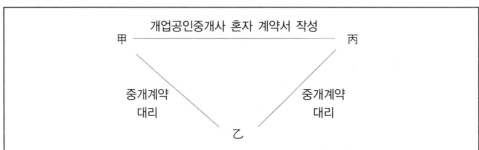

乙이 甲과 丙으로부터 중개계약만 체결했다면 쌍방대리 금지행위가 아니다. 甲과 丙 쌍방으로부터 대리권까지 받아왔다면 혼자 계약서를 작성하게 되므로 무조건 거래계약이 성사되고 금지행위이다. 동의를 얻은 쌍방대리도 혼자 계약서를 작성하게 되므로 금지행위이다.

㉠ 쌍방대리는 매매·교환·임대차 등 거래유형을 불문하고 금지행위이다. 동의를 얻은 쌍방대리도 혼자 계약서를 작성하므로 금지행위이다. 쌍방위임도 혼자 계약서를 작성하므로 금지행위이다.

㉡ 일방대리는 금지행위가 아니다. ⇨ 둘이서 계약서를 작성하니까

㉢ 중도금, 잔금을 건네주는 것(이행의 쌍방대리)은 금지행위가 아니다. ⇨ 계약서 작성 이후의 문제이니까

🔺 **직접거래**

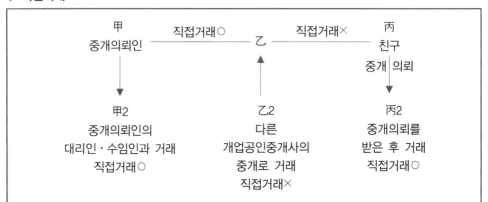

중개의뢰인과 거래계약 체결하면 직접거래 금지행위이다. 중개의뢰인이 아니라 친구와 사적으로 거래한 것이라면 금지행위에 해당하지 않는다. 그러나 친구라 하더라도 중개의뢰를 했다면 중개의뢰인이 되고, 거래하면 직접거래 금지행위에 해당한다. 중개의뢰인의 대리인(수임인)과 거래계약을 체결해도 직접거래 금지행위에 해당한다. 그러나 다른 개업공인중개사의 중개로 거래계약이 체결된 경우에는 직접거래 금지행위에 해당하지 않는다.

㉣ 직접거래는 중개의뢰를 받았다는 것이 전제가 되어야 한다. ⇨ 중개의뢰를 해야 중개의뢰인이 되기 때문에

위임 및 도급의뢰를 받았더라도 중개의뢰가 아니므로 직접거래 금지행위가 아니다.

ⓗ 친구와 사적으로 거래하는 것은 허용된다. 그러나 친구가 중개의뢰를 한 후 거래하면 직접거래 금지행위이다.

ⓢ **중개의뢰인의 대리인 또는 수임인과 거래해도 직접거래 금지행위이다**(그게 그거~). 그러나 중개의뢰인을 대리하여 타인과 거래하는 것은 일방대리로서 금지행위가 아니다.

ⓞ 다른 개업공인중개사가 중개를 해 준 것은 금지행위가 아니다. 그러나 다른 개업공인중개사와 공동으로 매수해도 직접거래 금지행위이다.

ⓩ 중개의뢰인과의 직접거래는 매매·교환·임대차 등 거래유형을 불문하고 금지행위이다.

ⓒ 중개의뢰인의 허락을 받은 직접거래도 금지행위이다. 중개보수를 받지 않고 직접 거래해도 직접거래 금지행위이다.

ⓚ 이사를 가기 위해서 중개의뢰인과 거래해도 직접거래 금지행위이다.

ⓣ 중개의뢰인과 단 한 번 거래해도 직접거래 금지행위이다.

ⓟ 개업공인중개사가 임대인에게 임차인이 남편이라는 사실을 알리지도 않고 시세보다 저렴하게 남편 명의로 중개의뢰인과 전세계약을 체결한 경우 직접거래 금지행위이다.

ⓗ 직접거래 금지행위 규정은 단속규정이므로 개업공인중개사와 중개의뢰인 간의 거래계약은 유효이다.

③ 투기 조장행위 ⇨ 포상금 지급대상×

　ⓐ 탈법적 목적의 미등기 전매를 중개하는 행위는 금지행위이다.
　　전매 차익이 안 남은 미등기 전매를 중개해도 금지행위이다.

　ⓑ 미등기 전매를 요청한 중개의뢰인은 투기조장행위의 공동정범으로 처벌되지 않는다.

　ⓒ **권리변동이 제한된**(= 전매가 제한된, 매매가 금지된) 부동산의 매매를 중개하는 것이 금지행위이다. 그러나 '전매가 허용된 부동산'이라면 매매가 허용된 것이므로 금지행위가 아니다.
　　OX 개발제한구역 내의 토지 매매를 중개하는 것은 금지행위이다.(×)

　ⓓ 매매가 금지된 부동산의 임대를 중개하는 것은 금지행위가 아니다.
　　⇨ 매매를 해야 투기와 관련이 있는 것이고, 임대는 투기와 상관이 없다. 따라서 임대를 중개하는 것은 금지행위가 아니다.

④ 부당한 이익을 얻거나 제3자에게 부당한 이익을 얻게 할 목적으로 거짓으로 거래가 완료된 것처럼 꾸미는(조작하는) 등 중개대상물의 시세에 부당한 영향을 주거나 줄 우려가 있는 행위 ⇨ 포상금 지급대상○

　ⓐ 개업공인중개사 본인이 부당한 이익을 얻을 목적뿐만 아니라 제3자에게 부당한 이익을 얻게 할 목적도 포함된다.

     ⓛ 중개대상물의 시세에 부당한 영향을 주는 것뿐만 아니라 줄 우려가 있는 행위도 포함된다.

      예 10억원에 거래가 되지 않았는데, 거래가 된 것처럼 꾸미는 것(조작하는 것)은 금지행위에 해당한다. ⇨ 자전거래

     ⓒ 거짓으로 거래가 완료된 것처럼 꾸몄다면 시세에 영향을 주지 못하였더라도 금지행위에 해당한다. ⇨ 시세에 영향을 줄 우려가 있기 때문에

   ⑤ 단체를 구성하여 특정 중개대상물에 대하여 중개를 제한하거나 단체 구성원 이외의 자와 공동중개를 제한하는 행위 ⇨ 포상금 지급대상○

     ㉠ 단체를 구성하여 담합하는 행위를 말한다. ⇨ 짬짜미

      OX 개업공인중개사 甲이 혼자서 10억원 이하의 중개대상물의 중개를 거부하는 것은 금지행위에 해당한다.(×)

       개업공인중개사 甲이 단체를 구성하는 것은 금지행위에 해당한다.(×)

     ㉡ 담합행위의 종류

      예 개업공인중개사 甲이 단체(산악회, 골프모임)를 구성하여 구성원들(乙, 丙)에게 10억원 이하의 아파트를 중개하지 못하게 하는 행위

      예 개업공인중개사 甲이 단체를 구성하여 구성원들(乙, 丙)에게 구성원이 아닌 丁과 공동중개를 못하게 하는 행위

2 **법 제33조 제2항의 금지행위**(개업공인중개사 등의 업무를 방해해서는 안 되는 행위) ⇨ 3년 - 3천

  ① 누구든지 시세에 부당한 영향을 줄 목적으로 개업공인중개사 등의 업무를 방해해서는 아니 된다(개업공인중개사 등에게 적용된다. 또한 중개의뢰인에게도 적용된다).

  ② 개업공인중개사 등의 업무를 방해하는 행위의 종류 ⇨ 제유해, 포상금 지급대상○

    ㉠ 안내문, 온라인 커뮤니티 등을 이용하여 특정 개업공인중개사 등에 대한 중개의뢰를 제한하거나 제한을 유도하는 행위 ⇨ 안내문, 온라인 커뮤니티 등을 이용해야 한다.

    ㉡ 안내문, 온라인 커뮤니티 등을 이용하여 중개대상물에 대하여 시세보다 현저하게 높게 표시·광고 또는 중개하는 특정 개업공인중개사 등에게만 중개의뢰를 하도록 유도함으로써 다른 개업공인중개사 등을 부당하게 차별하는 행위 ⇨ 안내문, 온라인 커뮤니티 등을 이용해야 한다.

    ㉢ 안내문, 온라인 커뮤니티 등을 이용하여 특정 가격 이하로 중개를 의뢰하지 아니하도록 유도하는 행위 ⇨ 안내문, 온라인 커뮤니티 등을 이용해야 한다.

     OX 중개의뢰인이 혼자서 10억원 이하로 매매하지 않겠다고 하는 것은 금지행위이다.(×)

    ㉣ 개업공인중개사 등에게 중개대상물을 시세보다 현저하게 높게 표시·광고하도록 강요하거나 대가를 약속하고 시세보다 현저하게 높게 표시·광고하도록 유도하는 행위 ⇨ 방법에 제한이 없음

예 乙에게 시세보다 현저히 높게 광고하라고 강요하거나 대가를 약속하고 현저히 높게 광고하라고 유도하는 행위가 이에 해당한다.

ⓐ 정당한 사유 없이 개업공인중개사 등의 중개대상물에 대한 정당한 표시·광고 행위를 방해하는 행위(부당한 표시·광고를 방해하는 행위×) ⇨ 방법에 제한이 없음

> **주의**
>
> ㉠~ⓐ(제유해) 모두 포상금 지급대상에 해당한다.
> ㉠~ⓐ(제유해) 모두 3년 − 3천에 해당하지만 임의적 등록취소사유는 아니다.

제2절 기본적인 의무

1 신의·성실·공정 중개 의무

개업공인중개사 및 소속공인중개사에게 적용된다(중개보조원은 적용×).

2 품위유지 의무

개업공인중개사 및 소속공인중개사에게 적용된다(중개보조원은 적용×).

3 선관주의 의무

공인중개사법령에 명문 규정은 없는 의무이다. 판례가 개업공인중개사에게 인정한 의무이다.

4 업무상 비밀 누설금지 의무

① 개업공인중개사 등에게 적용된다. 따라서 중개보조원도 비밀을 누설하여서는 아니 된다(중개보조원도 귀가 있고, 입이 있으니까).

② 죽을 때까지 비밀을 누설하여서는 아니 된다(폐업해도 비밀을 누설해선 안 되고, 사무소를 퇴사해도 비밀을 누설해선 안 된다).

③ 그러나 이 법 및 다른 법에 특별한 규정이 있다면 비밀을 누설할 수 있다. 이 법은 확인·설명의무이고, 다른 법은 증언의무이다.

OX 중대한 하자는 비밀보다 우선하므로 확인·설명을 해야 한다.(○)

④ 업무상 비밀을 누설한 경우 1년 - 1천(둘이서 소곤소곤...너만 알고 있어~)

⑤ 피해자의 불처벌의사에 반하여 처벌할 수 없는 "반의사불벌죄"이다(ㅂ - ㅂ).

> **주의**
>
> '반의사불벌죄'는 원칙은 처벌되지만, 피해자와 합의를 보면 불처벌되는 범죄의 유형이다.

제3절 중개대상물의 확인·설명과 거래계약서 작성

중개대상물 확인·설명의무	≠	중개대상물확인·설명서 작성의무
(말로 하는 것)		(쓰는 것)

1 중개대상물 확인·설명의무

① 주체 : 개업공인중개사는 권한도 있고, 의무도 있다(권한○ + 의무○).
   소속공인중개사는 권한은 있지만 의무는 없다(권한○ + 의무×).
   중개보조원은 권한도 없고, 의무도 없다(권한× + 의무×).

② 시점 : 중개의뢰를 받고 중개완성 전에 ⇨ 꼬시는 거

③ 대상자 : 매수·임차의뢰인 등 취득의뢰인에게 ⇨ 꼬시는 거

④ 방법 : 성실·정확하게 설명하고 등기사항증명서, 부동산종합증명서 등 설명의 근거자료(but 거래계약서, 중개대상물확인·설명서, 관계증서 사본은 근거자료에 해당×)를 제시하여야 한다. ⇨ 의무

⑤ 매도·임대의뢰인에게 상태자료를 요구할 수 있다. ⇨ 권한

⑥ 매도·임대의뢰인이 자료요구에 불응한 경우 불응사실을 매수·임차의뢰인에게 설명하고, 중개대상물확인·설명서에 기재하여야 한다(불응 시 설명 + 기재).
   OX 불응시 설명만 하면 된다.(×)
   불응시 직접 조사해야 한다.(×)

⑦ 신분증(모바일 주민등록증 포함) 제시를 요구할 수 있다. ⇨ 권한

⑧ 임대차 중개시의 설명의무 : 개업공인중개사는 주택의 임대차계약을 체결하려는 중개의뢰인에게 ㉠ 확정일자 부여기관에 정보제공을 요청할 수 있다는 사항과 ㉡ 임대인이 납부하지 아니한 국세 및 지방세의 열람을 신청할 수 있다는 사항을 설명하여야 한다. ⇨ 주택임대차보호법상 임대인은 제시 의무가 있다.

🔖 주택 임대차 중개의 경우에만 확인·설명해야 하는 사항

① 관리비 금액과 그 산출내역
② 「주택임대차보호법」 제3조의7에 따른 임대인의 정보 제시 의무 및 같은 법 제8조에 따른 보증금 중 일정액의 보호에 관한 사항
⇨ 임대인의 임대차 정보제공 및 납세증명서 제시 및 최우선변제권
③ 「주민등록법」 제29조의2에 따른 전입세대확인서의 열람 또는 교부에 관한 사항 ⇨ 선순위 임차인 확인(우선변제권)
④ 「민간임대주택에 관한 특별법」 제49조에 따른 임대보증금에 대한 보증에 관한사항(중개대상물인 주택이 같은 법에 따른 민간임대주택인 경우만 해당한다) ⇨ 민간임대주택의 임대보증금에 대한 보증보험 가입

2 중개대상물확인·설명서 작성의무

① 주체 : 개업공인중개사는 권한도 있고, 의무도 있다(권한○ + 의무○).
소속공인중개사는 권한은 있지만 의무는 없다(권한○ + 의무×).
중개보조원은 권한도 없고, 의무도 없다(권한× + 의무×).

② 시점 : 중개가 완성되어 거래계약서를 작성하는 때 ⇨ 중개완성은 반드시 되어야 한다.

③ 교부대상자 : 거래당사자(취득의뢰인 + 이전의뢰인)에게 교부하고, 3년간 보존(원본, 사본 또는 전자문서를 보존. 다만, 공인전자문서센터에 보관 중이면 사무소에 별도 보존×)하여야 한다.

④ 서명 및 날인 : 개업공인중개사는 중개완성시 무조건 서명 및 날인하여야 한다(법인 : 대표자, 분사무소 : 분사무소책임자). 공동중개시 공동으로 서명 및 날인하여야 한다. 해당 중개행위를 한 소속공인중개사는 개업공인중개사와 함께 서명 및 날인하여야 한다(소속공인중개사가 단독으로 서명 및 날인×).

┏ 판례 ┃
서명 및 날인을 해야 하는 중개대상물확인·설명서

서명 및 날인을 해야 하는 중개대상물확인·설명서는 거래당사자에게 교부하는 중개대상물확인·설명서를 의미하고, 보존하는 중개대상물확인·설명서는 포함되지 않는다.

3 거래계약서 작성의무

① 주체 : 개업공인중개사는 권한도 있고, 의무도 있다(권한○ + 의무○).
소속공인중개사는 권한은 있지만 의무는 없다(권한○ + 의무×).
중개보조원은 권한도 없고, 의무도 없다(권한× + 의무×).

② 시점 : 중개가 완성된 때 ⇨ 반드시 중개완성이 되어야 한다('꽝'나면 작성하지 않는다).

③ 교부대상자 : 거래당사자(취득의뢰인 + 이전의뢰인)에게 교부하고, 5년간 보존하여야 한다.
   ⇨ 중개대상물확인·설명서(3년)와 보존기간은 다르지만 보존방식은 동일하다.

④ 서명 및 날인 : 개업공인중개사는 중개완성 시 무조건 서명 및 날인하여야 한다(법인 : 대표자, 분사무소 : 분사무소책임자). 공동중개시 공동으로 서명 및 날인하여야 한다. 해당 중개행위를 한 소속공인중개사는 개업공인중개사와 함께 서명 및 날인하여야 한다(소속공인중개사가 단독으로 서명 및 날인×).

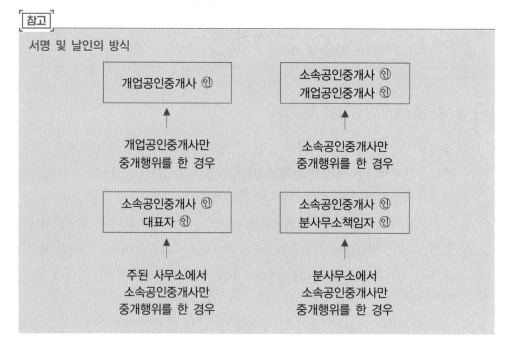

> **참고**
>
> 서명 및 날인의 방식
>
> | 개업공인중개사 ㉑ | 소속공인중개사 ㉑
개업공인중개사 ㉑ |
> | :---: | :---: |
> | ↑ | ↑ |
> | 개업공인중개사만
중개행위를 한 경우 | 소속공인중개사만
중개행위를 한 경우 |
> | 소속공인중개사 ㉑
대표자 ㉑ | 소속공인중개사 ㉑
분사무소책임자 ㉑ |
> | ↑ | ↑ |
> | 주된 사무소에서
소속공인중개사만
중개행위를 한 경우 | 분사무소에서
소속공인중개사만
중개행위를 한 경우 |

> **주의**
>
> ① 서명·날인 = 서명 및 날인
> ② 대표자는 '○○부동산중개법인 대표자 홍길동'이라고 서명하고, 등록한 법인의 인장을 날인한다.
> ③ '확인·설명서'는 중개대상물확인·설명서를 의미한다.

⑤ 거래계약서 필수적 기재사항
   ㉠ 국토교통부장관은 거래계약서의 표준이 되는 서식을 정하여 그 사용을 권장할 수 있다. 현재 거래계약서의 표준 서식은 없다.
   ㉡ 필수적 기재사항 : 중개대상물확인·설명서 기재사항은 거래계약서 필수적 기재사항도 아니고 부동산거래 신고사항도 아니다(예 공법상 이용제한 및 거래규제, ~상태는 거래계약서 필수적 기재사항도 아니고, 부동산거래 신고사항도 아니다).

> **주의**
>
> ① 조건과 기한을 약정한 경우 = 조건과 기한이 있는 경우
> ② 조건과 기한은 있을 때만 거래계약서 필수적 기재사항에 해당하고, 부동산거래 신고사항에 해당한다.

거래계약서 필수적 기재사항	인. 권. 서. 약	부동산거래 신고사항
○	물건의 인도일시	×
○	권리이전의 내용	×
○	중개대상물확인·설명서 교부일자	×
○	그 밖의 약정 내용 (담보책임 배제특약)	×

▲ 표준서식 비교

일반중개계약서	전속중개계약서	중개대상물확인·설명서	거래계약서
표준서식○	표준서식○	표준서식○	표준서식×
사용의무×	사용의무○	사용의무○	사용의무×

4 제 재

① 성실·정확하게 확인·설명하지 않거나 설명의 근거자료를 제시하지 않은 경우 개업공인중개사는 500만원 이하의 과태료에 해당하고, 소속공인중개사는 자격정지사유에 해당한다.

▲ 소속공인중개사의 확인·설명의무

> 1. 확인·설명을 아예 하지 않은 경우 ⇨ 자격정지×(확인·설명을 안 하면 해고하면 된다.)
> 2. 성실·정확하게 확인·설명하지 않거나 설명의 근거자료 제시하지 않은 경우(확인·설명을 똑바로 하지 않은 경우) ⇨ 자격정지○

② 거래계약서에 거래내용을 거짓 기재하거나 서로 다른 2 이상의 거래계약서를 작성한 경우 개업공인중개사는 임의적 등록취소사유에 해당하고, 소속공인중개사는 자격정지사유에 해당한다.

③ 중개대상물확인·설명서(거래계약서)에 서명 및 날인을 하지 않은 경우 개업공인중개사는 업무정지사유에 해당하고, 소속공인중개사는 자격정지사유에 해당한다.

④ 중개대상물확인·설명서(거래계약서)를 작성·교부하지 않거나 보존하지 않은 경우 개업공인중개사는 업무정지사유에 해당하고, 소속공인중개사는 제재를 받지 않는다.

> **주의**
>
> 서명 및 날인 ≠ 작성·교부·보존

제1절 **손해배상책임**

1 공인중개사법상 손해배상책임 규정 ⇨ 일반인(제3자)**에게 적용** ×

① 법 제30조 제1항: 개업공인중개사는 중개행위를 함에 있어서 고의 또는 과실로 인하여 거래당사자에게 재산상의 손해를 발생하게 한 때에는 그 손해를 배상할 책임이 있다.

② 법 제30조 제2항: 개업공인중개사는 자기의 중개사무소를 다른 사람의 중개행위의 장소로 제공함으로써 거래당사자에게 재산상의 손해를 발생하게 한 때에는 그 손해를 배상할 책임이 있다(무과실책임).

⇨ 손해배상(보험금청구)에서는 '중개행위'가 용어의 정의에서 '중개'보다 넓다. 중개행위에 해당되면 보험금을 청구할 수 있다(보험금 = 보증금).

⇨ 무상의 중개여도 개업공인중개사는 확인·설명의무와 손해배상책임을 부담한다.

⇨ 제30조 제1항, 제30조 제2항, 고용인의 업무상 행위 이렇게 세 가지에 대해서 보험금청구가 가능하다.

2 중개행위의 판단기준

① 사회통념에 따라 객관적으로 판단(주관적 의사는 고려×)

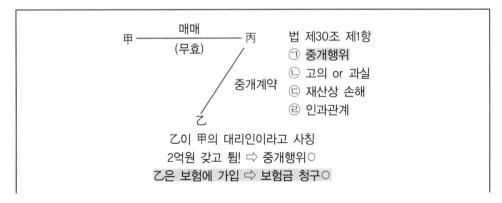

乙(개업공인중개사)이 중도금(2억원)을 횡령하였다. 丙은 乙의 보험회사에 보험금을 청구하고 싶은데 중개행위인지가 문제된다. 중개행위에 해당하면 보험금청구가 가능하다. 중개행위는 객관적으로 판단하기에 겉모습만 보면 乙이 중도금을 갖다 줄 것처럼 보인다. 따라서 중개행위에 해당하고, 丙은 乙의 보험회사에 보험금청구가 가능하다.

주의 자격증과 등록증을 대여받은 자(개업공인중개사가 아닌 자)가 임대차보증금을 횡령한 것은 중개행위에 해당하지 않는다. ⇨ 보험금을 청구할 없다.

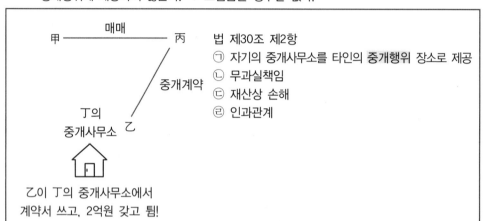

乙이 丙을 데리고 친구인 丁의 중개사무소로 갔다. 乙이 丁의 중개사무소에서 계약서를 쓰고, 돈을 갖고 튀었다(돈 갖고 튄 것도 중개행위에 해당). 丁은 돈은 구경도 못했고, 단순히 중개사무소만 빌려준 것이다. 그래도 제30조 제2항이 성립하므로 丁은 丙에게 손해배상책임을 진다. 丙은 丁의 보험회사를 상대로 보험금 청구도 가능하다.

② 일방의 의뢰만 있어도 중개행위이다. ⇨ 거의 대부분 공동중개를 하다 보니까 개업공인중개사는 일방의 의뢰를 받고 행위를 한다. 따라서 일방의 의뢰만 있어도 중개행위에 해당한다.

③ 업무보증의 설정

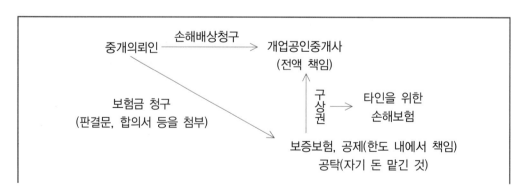

개업공인중개사는 전액 책임을 지고, 개업공인중개사의 보험회사는 한도 내에서 재산상 손해에 대해서 책임을 진다. 보증보험과 공제는 성격이 타인을 위한 손해보험이다. 개업공인중개사가 중개의뢰인을 위해 보험에 든 것이다. 따라서 보증보험과 공제의 경우 보험금을 지급하면 개업공인중개사에게 구상권 행사를 한다. 즉, 개업공인중개사는 보험료만 내고 아무런 이득을 얻지 못한다.

(1) 설정 방법

① 보증보험(보증보험회사), 공제(협회), 공탁(지방법원) 중 한 가지를 택하여 설정하면 된다 (모두 설정×).

② 종별에 따라 보증 설정 방법은 차이가 없다. 따라서 다른 법률에 따라 중개업을 할 수 있는 자도 세 가지 중 한 가지를 택하여 설정하면 된다.

(2) 보증 금액

① 개인 : 2억원 이상(공인중개사인 개업공인중개사 2억원 이상, 부칙상 개업공인중개사도 2억원 이상)

② 법인 : 4억원 이상, 분사무소 설치시 추가로 2억원 이상

③ 다른 법률에 따라 중개업을 할 수 있는 자 : 2천만원 이상

⇨ 모든 개업공인중개사는 금액에는 차이가 있지만 예외 없이 보증을 설정하여야 한다.

⇨ 개업공인중개사는 전액 책임을 지고, 보증기관은 재산상 손해에 대해서 보증설정 한도액 내에서 책임을 진다.

(3) 보증설정신고(보증변경신고)

① 보증설정은 등록 후 업무개시 전까지 해야 한다(등록신청 전에 설정×, 등록신청과 같이 설정×). 다른 법률에 따라 중개업을 할 수 있는 자도 업무개시 전까지 해야 한다.

② 보증보험 또는 공제의 경우 기간 만료로 인한 재설정은 보증기간 만료일까지 해야 한다 (만료 후 즉시×, 만료 후 15일 이내×).

> **OX** 업무정지(휴업)기간 중에 보증기간이 만료된 경우 반드시 보증기간 만료일까지 재설정해야 한다.(×)

③ 보증의 변경은 이미 설정한 보증의 효력이 있는 기간 중에(만료 후 즉시×, 해지 후 즉시×)

④ 보증설정·재설정·변경시 보증설정증명서류를 갖추어 등록관청에 신고하여야 한다. 그러나 보증기관이 통보하여 등록관청이 알고 있다면 보증설정신고를 생략할 수 있다.

> **OX** 보증설정신고를 해야 한다.(○) ⇨ 법조문이니까 맞다.
> 반드시 보증설정신고를 해야 한다.(×) ⇨ 생략 가능하니까 틀리다.

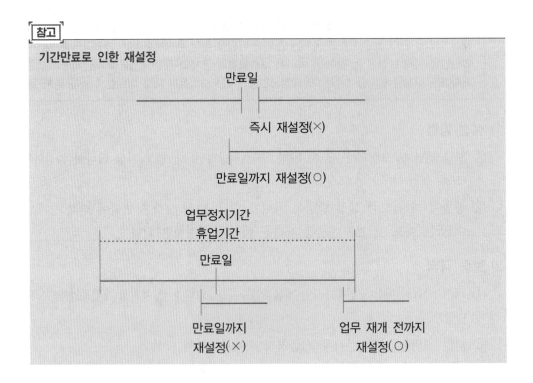

4 보증보험금 등의 지급

① 중개완성시(중개사고 발생시×, 중개개시 전×) 개업공인중개사가 거래당사자에게 손해배상책임의 보장에 대해서 설명하고, 관계증서 사본(전자문서 포함)을 교부하여야 한다.

② 청구기간

　㉠ 보증보험과 공제 : 중개사고 발생이 객관적으로 명확하지 않은 경우 중개사고 발생을 알았거나 알 수 있었을 때부터 3년 이내에 청구하여야 한다(알았삼).

　㉡ 공탁금은 개업공인중개사의 사망 또는 폐업시 3년간 회수할 수 없다(보증보험과 공제는 3년간 회수불가 규정이 없음). ⇨ 중개사고를 당한 중개의뢰인이 공탁금을 3년간 청구할 수 있기 때문에 3년간 못 찾아가게 묶어놓은 것이다.

5 보증보험금 등의 지급 후 법률관계

15일(10일 ×, 30일 ×) 이내에 보증보험, 공제에 다시 가입하거나 공탁금 중 부족액을 보전하여야 한다(시보일). **OX** 공제에 부족액을 보전(×), 공탁에 다시 가입(×)

그러나 기간만료로 인한 재설정은 만료일까지 하여야 한다.

6 제 재

① 개업공인중개사가 업무보증을 설정하지 않고 업무를 개시한 경우 임의적 등록취소사유이다.

② 중개완성시 손해배상책임의 보장에 대해서 설명하지 않거나 관계증서 사본(전자문서 포함)을 교부하지 않은 경우 100만원 이하의 과태료를 부과한다(과 - 과).

> **✿ 중개완성시 거래당사자에게 교부해야 하는 것**
>
> 1. 거래계약서 ⇨ 업무정지사유
> 2. 중개대상물확인 · 설명서 ⇨ 업무정지사유
> 3. 보증관계증서 사본 ⇨ 100만원 이하의 과태료(과 - 과)

제2절 | 계약금 등의 반환채무이행의 보장

✿ 계약금 등 반환채무이행의 보장제도의 취지

> 계약이 해제되면 매수인은 돈을 돌려받아야 한다. 매도인이 돈을 안 돌려주는 경우도 있기에 개업공인중개사가 돈을 보관하고 있다가 계약이 해제되면 매수인에게 돌려준다. 즉, 이 제도는 계약 해제시 돈을 쉽게 돌려받고자 도입된 제도이다.

1 목 적

① 개업공인중개사는 거래의 안전을 보장하기 위하여 필요하다고 인정하는 경우 계약금 등(계약금, 중도금, 잔금)을 예치하도록 거래당사자에게 권고할 수 있다(권고하여야 한다×).

② 거래당사자가 요청을 한 경우에도 개업공인중개사는 이를 거절할 수 있다.
  ⇨ 서로 간의 의무가 아니다.

2 예치기간

거래계약의 이행이 완료될 때까지(거래계약 체결될 때까지×) ⇨ 거래계약 체결 후 중도금, 잔금을 주고받는 것이니까 이행이 완료될 때까지

③ 예치명의자

개업공인중개사, 은행(= 금융기관), 보험회사, 신탁업자, 체신관서, 공제사업자, 전문회사
(but 법원×, 거래당사자×, 소속공인중개사×, 투자중개업자×, 한국지방재정공제회×)

④ 예치기관

금융기관(은행, 체신관서), 공제사업자(보험회사), 신탁업자

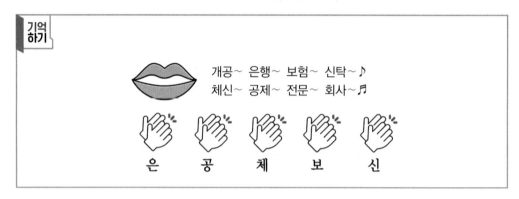

⑤ 사전 수령

매도인·임대인(매수인·임차인×)은 금융기관 또는 보증보험회사가 발행하는 보증서를
예치명의자(예치기관×)에게 교부하고 미리 수령할 수 있다.

> **주의**
> 보증서는 돈 준다는 내용의 보증서이다. 금융기관 또는 보증보험회사가 보증서를 발행한다.

⑥ 개업공인중개사가 예치명의자인 경우

① 분리 관리 : 자기 소유 예치금과 분리하여 관리해야 한다.

② 인출 제한 : 거래당사자의 동의 없이 인출할 수 없다.

③ 별도의 보증을 설정 : 개업공인중개사 명의일 때 별도로 보증을 설정해야 한다.
    ㉠ 보증보험, 공제, 공탁 중 한 가지를 설정해야 한다.
    ㉡ 보증금은 예치한 금액만큼 설정해야 한다.
        OX 10억원을 예치했으면 10억원을 설정(○), 개인 2억원(×), 법인 4억원(×)
    ㉢ 개업공인중개사 명의로 예치한 것이 아니라면 보증을 설정하지 않아도 된다.
        OX 은행 명의로 예치할 때 보증을 설정해야 한다.(×)

④ 거래당사자와 필요한 사항을 약정해야 한다.

    ⇨ ①~④는 개업공인중개사의 의무이다.

⑤ 계약금 등의 반환채무이행 보장에 소요된 비용을 권리취득의뢰인(매수인, 임차인, 전세권자)에게 청구할 수 있다. ⇨ 매수인이 돈 떼일까봐 맡겨 놓은 것이니까 그 비용을 매수인에게 청구할 수 있다.

중개보수 등

제1절 │ 중개보수

1 중개보수청구권의 발생과 소멸

① 중개계약을 체결하면 중개보수청구권이 발생한다. 그러나 곧바로 행사할 수는 없다. 중개가 완성된 때에 중개보수청구권을 행사할 수 있다. 중개보수청구권은 중개완성을 정지조건으로 하는 정지조건부 채권이다. 또한 명시적인 보수약정이 없어도 중개보수청구권이 인정된다.

> **판례**
>
> **중개완성이 안 된 경우에도 중개보수를 받을 수 있는지 여부**
>
> 개업공인중개사는 거래계약이 완료되지 않을 경우에도 중개의뢰인과 중개행위에 상응하는 보수를 지급하기로 약정할 수 있고, 이 경우 중개보수 제한 규정이 적용된다.

> **참고**
>
> 시작 단계 vs 마무리 단계
>
> | | 중개계약(시작단계) | 거래계약(마무리 단계) |
> |---|---|---|
> | 표준서식 | 有 | 無 |
> | 소속공인중개사 | 관여× | 관여○ |
> | 중개보수청구권 | 발생 | 행사 |

② 개업공인중개사의 고의 또는 과실로 인하여 중개의뢰인 간의 거래계약이 무효·취소 또는 해제된 경우 중개보수청구권은 소멸한다.

> **OX** 매수인의 이행지체로 거래계약이 해제된 경우 중개보수청구권은 소멸한다.(×)
>
> 개업공인중개사가 금지행위를 한 경우 거래계약이 해제되지 않았더라도 중개보수청구권은 소멸한다.(×)

2 청구의 상대방

중개의뢰인 쌍방에게 각각 받는다. 따라서 2명(중개의뢰인들)에게 받는 것이라면 곱하기 2를 한다. 그러나 중개보수가 한도를 초과하였는지 여부는 일방으로부터 받은 중개보수로 판단한다. **OX** 산출된 중개보수를 균분하여 받는다.(×)

[판례]

중개의뢰인이 아닌 거래당사자가 보수지급의무가 있는지 여부

중개의뢰인이 아닌 거래당사자가 '중개대상물 확인·설명서'에 기명·날인을 하였더라도, 이는 개업공인중개사로부터 '중개대상물 확인·설명서'를 수령한 사실을 확인하는 의미에 불과할 뿐 '중개보수 등에 관한 사항'란에 기재된 바와 같이 중개보수를 지급하기로 하는 약정에 관한 의사표시라고 단정할 수 없다.

---

③ 중개보수 지급시기

① 약정이 있다면 약정이 우선한다.

② 약정이 없다면 거래대금의 지급이 완료된 날로 한다.

> **OX** 약정이 없다면 계약체결일에 지급한다.(×)
>
> 약정에도 불구하고 거래대금의 지급이 완료된 날에 지급한다.(×)
>
> 매수신청대리 보수 지급시기는 약정이 없다면 매각대금 지급기한일로 한다.(○)

④ 중개보수 요율

🐦 규제의 강도

```
       주택  >  주택 외     임대차 등  >  매매·교환
        ⇩        ⇩          (주택)        (주택)
       조례○    조례×
```

주택이 규제가 강하므로 조례가 있다. 주택은 매매·교환과 임대차 등으로 나눠서 다른 기준을 적용한다. 임대차 등이 규제가 강해서 중개보수를 조금 받는다. 따라서 매매·교환보다 임대차 등이 0.1%씩 요율이 낮다.

① 주택(부속 토지 포함)의 경우

ㅤㅤㄱ '주택'에 대한 중개보수는 국토교통부령이 정하는 범위 안에서 시·도의 조례로 정한다(시·군·구의 조례×).

ㅤㅤㄴ 주택의 중개보수의 한도는 시행규칙 **별표1**과 같으며, 그 한도 내에서 시·도의 **조례**로 정하고, 중개의뢰인과 개업공인중개사가 **협의**하여 결정한다.

ㅤㅤㅤ➡ 주택표조합(협), 주택조합(협)

거래 내용	거래금액	상한 요율	한도액
주택의 매매 · 교환	5천만원 미만	0.6%	25만원
	5천만원 이상 2억원 미만	0.5%	80만원
	2억원 이상 9억원 미만	0.4%	
	9억원 이상 12억원 미만	0.5%	
	12억원 이상 15억원 미만	0.6%	
	15억원 이상	0.7%	
주택의 임대차 등	5천만원 미만	0.5%	20만원
	5천만원 이상 1억원 미만	0.4%	30만원
	1억원 이상 6억원 미만	0.3%	
	6억원 이상 12억원 미만	0.4%	
	12억원 이상 15억원 미만	0.5%	
	15억원 이상	0.6%	

기억
하기

앞뒤가 똑같은 전화번호~♬ ☎ 529 − 5458 ~♪ 중개보수 529 − 5458 ~♪

② 주거용 오피스텔(전용면적 85m² 이하 + 부엌 + 화장실 + 목욕시설)의 경우(조례×)

　㉠ 매매 · 교환은 0.5% ⇨ 오피스텔 영점 오프로~

　㉡ 임대차 등은 0.4%

③ 그 밖의 주택 외 [예] 상가, 토지, 전용면적 85m² 초과하는 오피스텔의 경우(조례×)

　'그 밖의 주택 외'에 대한 중개보수는 0.9% 이내에서 중개의뢰인과 개업공인중개사가 협의하여 결정한다.

　　[OX] 상가 임대차의 중개보수는 0.8% 이내에서 중개의뢰인과 개업공인중개사가 협의하여 결정한다.(×)

④ '주택 외'에 대해서 한도 요율 내에서 실제 자기가 받고자 하는 상한 요율을 '요율 및 한도액표'에 명시해야 한다. 이를 초과하여 받으면 안 된다. ⇨ 주택은 이런 거 없다.

　[예] 상가에 대해서 0.5%만 받겠다고 정하여 요율 및 한도액표에 명시한 경우, 0.6%를 받으면 초과보수 금지행위에 해당한다.

5 중개보수 산정방법

거래금액 × 요율 = 중개보수(일방) ⇨ 따라서 쌍방(중개의뢰인들)에게 받는 것이라면 곱하기 2를 한다.

① 보증금과 월차임이 있는 경우(모든 임대차에서 동일)

> ─ 원칙 : 보증금 + (월차임 × 100) = 거래금액(환산보증금)
> ㉞ 보증금 3천만원, 월차임 20만원
> 　3천만원 + (20만원 × 100) = 5천만원(○)
>
> ─ 예외 : 합산액(환산보증금)이 5천만원 미만일 경우
> 　　　보증금 + (월차임 × 70) = 거래금액
> ㉞ 보증금 3천만원, 월차임 10만원
> 　3천만원 + (10만원 × 100) = 4천만원(×)
> 　3천만원 + (10만원 × 70) = 3천 7백만원(○)

② 임대차 기간은 무시한다.

> ㉞ 기간이 1년이라고 12를 월차임에 곱하지 않는다.

③ 교환 : 거래금액이 큰 중개대상물 가액을 거래금액으로 한다. ⇨ 작은 것×, 평균액×, 합산액×, 보충금×

④ 동일 중개대상물 & 동일 당사자 & 동일 기회에(= 매도인이 임차인이 된 경우)
　⇨ 매매계약에 관한 거래금액만 적용한다(임대차×).

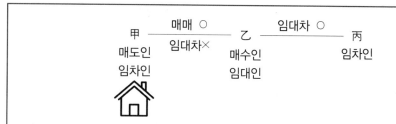

> 매도인이 임차인이 된 경우에는 매매에 대해서만 중개보수를 받을 수 있다. 그러나 매수인이 다른 사람과 임대차 계약을 체결한 경우라면 임대차에 대해서도 받을 수 있다. 사례문제가 출제된다면 甲과 乙만 나왔는지, 甲, 乙, 丙까지 나왔는지 잘 살피자.

⑤ 복합 건축물의 경우(건축물 전체를 거래할 때)

　㉠ 주택 면적이 2분의 1 이상인 경우 주택 요율을 적용한다.
　㉡ 주택 면적이 2분의 1 미만인 경우 주택 외 요율을 적용한다.
　㉢ 주택 외 면적이 2분의 1 초과인 경우 주택 외 요율을 적용한다.
　㉣ 주택 면적과 주택 외 면적이 같은 경우(= 주택 면적이 2분의 1인 경우) 주택 요율을 적용한다.

> **주의**
>
> 주택 부분만 거래하는 경우에는 주택 요율을 적용하고, 상가 부분만 거래하는 경우에는 상가 요율을 적용한다(즉, 건물 전체를 거래하는 것이 아니라면 면적을 따지지 않는다).

⑥ 중개대상물 소재지와 중개사무소 소재지가 다른 경우에 중개사무소 소재지 시·도의 조례에 따른다. 분사무소는 분사무소 소재지 시·도의 조례에 따른다. ⇨ 주택과 실비 의 경우에 그렇다. '주택 외'는 조례가 없으므로 해당사항 없다.

⑦ 아파트 분양권: 주택 요율을 적용한다.

아파트 분양권의 경우 ⇨ 기납입금(계약금 + 기납부된 중도금) + 프리미엄이 거래금 액이다. 이것을 총 대금이라고 한다(총 대금○, 총 분양가×, 총 분양대금×).

대출금(융자금)은 거래금액에 포함된다.

예 총 분양가 5억원, 계약금 5천만원 납부, 중도금 1억원 납부, 프리미엄 5천만원인 아파트 분 양권의 거래금액은 5천만원 + 1억원 + 5천만원 = 2억원이다.

제2절 실비

1 실비 한도

국토교통부령이 정하는 범위 안에서 시·도의 조례로 정한다. ⇨ 비용 명목으로 많이 받 아 가면 안 되니까 조례로 규제한다.

2 실비의 범위와 실비 청구의 상대방

> ┌ 중개대상물의 권리관계 등의 확인에 드는 비용
> │ ⇨ 권리이전 의뢰인(매도인, 임대인)에게 청구할 수 있다.
> └ 계약금 등의 반환채무이행 보장에 드는 비용
>   ⇨ 권리취득 의뢰인(매수인, 임차인, 전세권자)에게 청구할 수 있다.
>   (매수인, 임차인이 돈 떼일까봐 맡겨 놓은 것이니까)

OX 약정으로 달리 정하지 않는 한 계약금 등의 반환채무이행 보장에 드는 비용을 권리이전 의뢰인에 게 청구할 수 있다.(×)

Chapter 09
공인중개사협회 및 교육 · 보칙

제1절 | **공인중개사협회**

1 설립의 임의성

① 설립자: 개업공인중개사인 공인중개사(그냥 공인중개사×, 부칙상 개업공인중개사○)

② 공인중개사협회를 설립할 수 있다. ⇨ 임의사항

③ 복수협회 설립이 가능하다.

④ 협회는 비영리 사단법인(재단법인×, 조합×, 친목단체×) ⇨ 협회는 중개사무소의 개설등록을 할 수 없다. ⇨ 따라서 협회는 중개업을 할 수 없다.

2 설립과정

① 정관작성: 회원 300명 이상의 발기인이 정관을 작성한다.

② 정관에 대한 **창립총회 의결**: 회원 600명 이상(서울 100명 이상, 광역시 · 도 · 특별자치도 20명 이상)이 출석한 창립총회에서 출석 회원의 과반수 동의로 의결한다.

> **OX** 특별시 · 광역시 · 도 · 특별자치도 20명 이상(×)
> 광역시 · 도 · 특별자치도 10명 이상(×)

③ 국토교통부장관의 설립인가(허가×)를 받아야 한다. ⇨ 인가를 받으면 성립하는 것이 아니다(인가는 비영리가 맞다고 인정하는 것).

④ 설립등기: 설립등기를 함으로써 성립한다.

> **OX** 설립인가를 받으면 성립한다.(×)

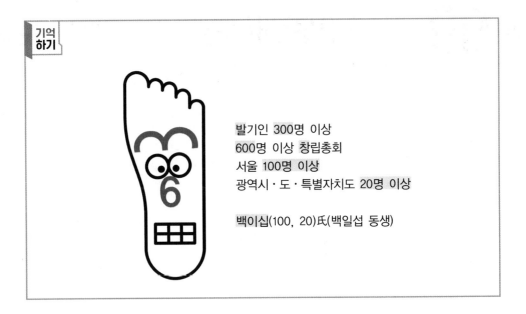

발기인 300명 이상
600명 이상 창립총회
서울 100명 이상
광역시 · 도 · 특별자치도 20명 이상

백이십(100, 20)氏(백일섭 동생)

③ 지부 · 지회의 설립

① 주된 사무소는 필수이다. ➪ 필수니까 신고하지 않는다. 그러나 주된 사무소의 위치는 어디에 두든지 상관없다.

OX 주된 사무소를 서울특별시에 둔다.(×)

② 정관에 따라 시 · 도에 지부를 둘 수 있다(임의사항). ➪ 지부를 둔 경우 시 · 도지사에게 신고하여야 한다.

③ 정관에 따라 시 · 군 · 구에 지회를 둘 수 있다(임의사항). ➪ 지회를 둔 경우 등록관청 (시장 · 군수 또는 구청장)에게 신고하여야 한다.

구 분	신고관청	감독관청
지 부	시 · 도지사	국토교통부장관 ㄱ - ㄱ
지 회	등록관청 (시장 · 군수 또는 구청장) ㅅ - ㅅ - ㅅ	

④ 협회에 대한 감독

① 협회가 국토교통부장관의 감독상 명령을 위반한 경우 500만원 이하의 과태료

② 협회는 총회의 의결내용을 지체 없이 국토교통부장관에게 보고해야 한다(15일 이내×).

5 협회의 업무

① 고유업무(법에 협회가 할 수 있다고 규정된 업무) : 공제사업, 부동산거래정보망사업

② 수탁업무(위에서 시켜서 하는 업무) : 교육사업 등

> **주의**
>
> 협회가 할 수 없는 업무 : 중개업, 개업공인중개사에 대한 제재 업무, 인터넷 표시·광고 모니터링 업무

6 공제사업

🐦 공제사업에서 알아야 하는 개념

> 1. 공제사업 = 보험사업 + 관련 부대업무
> 2. 공제계약 = 보험계약
> 3. 공제사업자(협회) ≠ 공제계약자(개업공인중개사)
> 4. 공제료(협회가 받는 돈) ≠ 공제금(협회가 주는 돈)
> 5. 책임준비금 = 비상금
> 6. 지급여력비율 = 보험금을 줄 수 있는 능력

① 회원 간의 상호부조(친목도모×)를 목적으로 하는 비영리사업이다(영리사업×). 공제사업에 관련 부대업무도 포함된다.

② 공제사업은 임의사항이고, 공제사업을 하고자 하는 때에는 공제규정을 제정하여 국토교통부장관의 승인을 얻어야 한다. ⇨ 공제규정의 승인을 받지 않은 경우 공제사업을 못하는 것이고, 별도의 과태료 규정은 없다.
그러나 운영규정 승인을 받지 않은 경우 500만원 이하의 과태료를 부과한다.

③ **공제료 수입액**(공제금×, 총수입액×)의 100분의 10(100분의 5×) 이상을 책임준비금으로 적립해야 한다. ⇨ 책임준비금을 다른 용도로 사용하고자 하는 경우 국토교통부장관의 승인을 얻어야 한다(공제계약자의 승인×, 개업공인중개사의 승인×).

④ 지급여력비율은 100분의 100 이상을 유지하여야 한다. ⇨ 항상 보험금을 줄 수 있을 것

⑤ 공제사업은 별도의 회계로 관리해야 한다.

⑥ 공제사업의 운용실적을 매 회계연도 종료 후 3개월(6개월×) 이내 일간신문 또는 협회보에 공시하고, 홈페이지에 게시해야 한다. ⇨ 위반시 500만원 이하의 과태료
OX 일간신문에 공시하거나 홈페이지에 게시해야 한다.(×)

⑦ 공제사업과 관련한 국토교통부장관의 **개선명령**(협회가 잘못함)을 이행하지 않으면 500만원 이하의 과태료를 부과한다. **예** ~변경, 적립금 보유, 손실의 처리 등은 개선명령에 해당한다.
OX 공제사업의 양도는 개선명령에 해당한다.(×)

⑧ 국토교통부장관의 시정명령(임원이 잘못함)을 이행하지 않으면 500만원 이하의 과태료를 부과한다.

⑨ 금융감독원장은 국토교통부장관의 요청이 있는 경우에 협회의 공제사업에 관하여 조사 또는 검사할 수 있다. ➪ 위반시 500만원 이하의 과태료

제2절 교 육

1 실무교육

(1) 실시권자

시·도지사가 실시권자이다(국토교통부장관×). 시·도지사가 실시하는 실무교육은 업무위탁이 가능하다.

(2) 대상자

① 법인의 경우: 대표자○, 임원 또는 사원 전원○, 분사무소책임자○, 소속공인중개사○, 중개보조원×

　　OX 공인중개사가 아닌 임원 또는 사원도 실무교육을 수료해야 한다.(○)

② 개인의 경우: 등록을 신청하려는 자○, 소속공인중개사○, 중개보조원×, 개업공인중개사×(개업공인중개사는 이미 실무교육을 받은 사람이니까 다시 받을 필요는 없다.)

(3) 시 기

① 등록신청일(설치신고일, 고용신고일) 전 1년 이내에(실무는 일이니까 일년!)

② 폐업신고(고용관계 종료신고) 후 1년 이내에 등록신청(고용신고)을 하는 자는 면제된다.

(4) 교육시간 및 내용

① 교육시간: 28시간 이상 32시간 이하

② 내용: 법률지식, 중개 및 경영실무, 직업윤리

2 연수교육

(1) 실시권자

시·도지사가 실시권자이다(국토교통부장관×). 시·도지사가 실시하는 연수교육은 업무위탁이 가능하다.

(2) 대상자 및 시기, 통지

① 개업공인중개사 및 소속공인중개사(2명, 중개보조원×)

② 실무교육 또는 연수교육을 받은 후 2년마다 받아야 한다.

③ 2년이 되기 2개월 전까지 교육대상자에게 통지해야 한다(but 실무교육과 직무교육은 통지 없다~).

(3) 교육시간 및 내용

① 교육시간 : 12시간 이상 16시간 이하

② 내용 : 법·제도의 변경(2년마다 바뀐 것을 알려줘라~), 중개 및 경영실무, 직업윤리

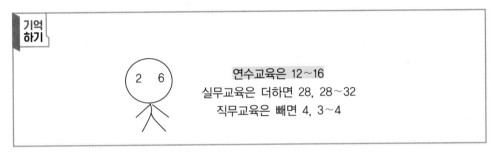

기억하기

2 6

연수교육은 12~16
실무교육은 더하면 28, 28~32
직무교육은 빼면 4, 3~4

(4) 제 재

정당한 사유 없이 연수교육을 받지 아니한 개업공인중개사 및 소속공인중개사에게는 500만원 이하의 과태료를 부과한다(오연수).

3 직무교육

(1) 실시권자

시·도지사 또는 등록관청이 실시권자이다(국토교통부장관×). 시·도지사가 실시하는 직무교육은 업무위탁이 가능하다.

OX 등록관청이 실시하는 직무교육은 업무위탁을 할 수 있다.(×)

(2) 대상자 및 시기

① 대상자 : 중개보조원(소속공인중개사는 실무교육, 중개보조원은 직무교육)

② 시기 : 고용신고일 전 1년 이내에, 고용관계종료신고 후 1년 이내라면 면제된다(직무는 일이니까 일년!).

(3) 교육시간 및 내용

① 교육시간 : 3시간 이상 4시간 이하

② 내용 : 직업윤리(법률×, 중개 및 경영실무×)

4 부동산거래사고예방교육

(1) 실시권자 및 대상자

① 실시권자: 국장, 시·도지사, 등록관청(10글자)은 부동산거래사고예방교육을 실시할 수 있다(임의사항).

② 대상자: 개업공인중개사 등(개업공인중개사 ~ 중개보조원)

(2) 통지 및 교육비 지원

① 교육일 10일 전까지 교육대상자에게 통지해야 한다(10글자).

> **OX** 교육일 7일 전까지 교육대상자에게 통지해야 한다.(×)

② 부동산거래사고예방교육은 교육비를 지원할 수 있다(예방교육은 필수가 아니기 때문에 필요한 비용(교육비)를 지원할 수 있다. but 다른 교육은 필수이기 때문에 교육비 지원 규정이 없다).

5 교육지침 및 교육기관

(1) 교육지침

① 국토교통부장관은 교육지침(실무교육, 연수교육, 직무교육)을 마련하여 그 교육지침을 시행할 수 있다.

> **OX** 예외적으로 필요한 경우 국토교통부장관이 연수교육을 실시할 수 있다.(×)

② 교육지침에는 강사의 자격, 수강료, 수강신청 등이 포함되어야 한다(강수강~♪).

(2) 교육기관

① 강의실 요건: 강의실은 1개소 이상이고, 면적은 $50m^2$ 이상이어야 한다(but 중개사무소는 면적제한×).

> **OX** 중개사무소는 $50m^2$ 이상이어야 한다.(×)

② 강사 요건

　㉠ 변호사는 실무경력 2년 이상, 세무사 등 다른 자격증 소지자는 실무경력 3년 이상일 것 ⇨ 좋은 것일수록 경력기간이 짧다.

　㉡ 전임강사는 실무경력 2년 이상, 석사는 실무경력 3년 이상일 것(but 박사는 실무경력이 없어도 된다.) ⇨ 좋은 것일수록 경력기간이 짧다.

　㉢ 공무원은 7급 이상이고(7급 공무원), 6개월 이상 경력이 있는 사람일 것

제3절 | **보 칙**

1 업무위탁

(1) **교육**(실무교육, 연수교육, 직무교육)**에 관한 업무위탁**

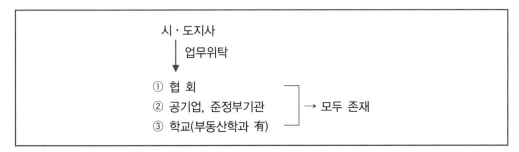

시 · 도지사
↓ 업무위탁

① 협 회
② 공기업, 준정부기관 ┐
③ 학교(부동산학과 有) ┘→ 모두 존재

(2) **자격시험에 관한 업무위탁**

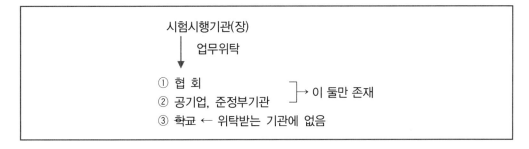

시험시행기관(장)
↓ 업무위탁

① 협 회
② 공기업, 준정부기관 ┐→ 이 둘만 존재
③ 학교 ← 위탁받는 기관에 없음

(3) **절차**(알려주는 절차)

시 · 도지사 또는 시험시행기관장은 업무를 위탁한 때에는 위탁받은 기관의 명칭 등 위탁 업무의 내용을 관보에 고시하여야 한다.

2 행정수수료

(1) **수수료를 납부하는 경우**

① 자격시험에 응시, 등록신청시, 분사무소 설치신고시

> **기억하기**
>
> 시험 봐서 붙으면 중개업을 하려고 등록신청하고, 돈 벌면 지점을 두려고 분사무소 설치신고를 한다.

② 자격증 재교부신청, 등록증 재교부신청, 신고확인서 재교부신청

OX 자격증을 처음으로 교부받은 경우 수수료를 납부해야 한다.(×)

　　　휴업신고를 하는 경우 수수료를 납부해야 한다.(×)

> | 주의 |
>
> 자격시험을 제외하고 나머지는 모두 해당 지방자치단체의 조례가 정하는 바에 따라 수수료를 납부해야 한다. 자격시험만 수수료를 납부하는 방식이 원칙, 예외, 업무위탁에 따라 다르다.

(2) 수수료를 납부하는 방식

① 시 · 도지사가 시행하는 자격시험에 응시하는 경우(원칙) : 해당 지방자치단체의 조례가 정하는 바에 따라 수수료를 납부해야 한다.

② 국토교통부장관이 시행하는 자격시험에 응시하는 경우(예외) : 국토교통부장관이 결정 · 공고하는 수수료를 납부해야 한다(조례×).

③ 자격시험이 업무위탁된 경우(업무위탁) : 위탁받은 자가 위탁한 자의 승인을 얻어 결정 · 공고하는 수수료를 납부해야 한다(조례×).

OX 위탁한 자가 위탁받은 자의 승인을 얻어 결정 · 공고하는 수수료를 납부해야 한다.(×)

🔼 다음 중 수수료를 납부하는 경우는? (정답 ①, ②, ③)

> ① 국토교통부장관이 시행하는 자격시험에 응시하는 경우
> ② 등록신청을 하는 경우
> ③ 분사무소설치신고를 하는 경우

🔼 다음 중 해당 지방자치단체의 조례가 정하는 바에 따라 수수료를 납부하는 경우는? (정답 ②, ③)

> ① 국토교통부장관이 시행하는 자격시험에 응시하는 경우
> ② 등록신청을 하는 경우
> ③ 분사무소설치신고를 하는 경우

3 포상금 비교

구 분	공인중개사법령(시즌1)	부동산 거래신고 등에 관한 법령(시즌2)
포상금 지급대상	① 무등록 중개업자 ② 등록증(자격증) 양도·대여한 자 ③ 개업공인중개사가 아닌 자로서 표시·광고를 한 자 ④ 부정한 방법으로 등록을 한 자 ⑤ 등록증(자격증) 양수·대여받은 자 ⑥ 조작단과 제유해 ⇨ ①~⑥까지 신고 또는 고발한 자 무양 아닌 부양, 조작단과 제유해	① 주택임대차계약의 보증금·차임 등을 거짓으로 신고한 자 ② 부동산 거래신고에서 거짓으로 신고한 자 (예 실제 거래가격을 거짓으로 신고한 자, 계약체결이 안 되었음에도 불구하고 거짓 신고한 자, 해제 등이 안 되었음에도 불구하고 거짓 신고를 한 자) ③ 토지거래허가(이하 동일)를 받지 않고 계약을 체결하거나 부정한 방법으로 허가를 받은 자 ④ 허가받은 목적대로 이용하지 않은 자 ⇨ ①~④까지 신고 또는 고발한 자 주거부거허
포상금을 지급하는 경우	공소제기 또는 기소유예 (무죄판결○, 무혐의×)	① 과태료가 부과된 경우 ② 공소제기 또는 기소유예 ③ 이행명령을 받은 경우
포상금을 지급하지 않을 수 있는 경우	규정 없음	① 공무원이 직무와 관련하여 발견한 사실을 신고·고발을 한 경우 ② 익명(가명)으로 신고·고발을 한 경우 ③ 해당 위반행위를 하거나 위반행위에 관여한 자가 신고·고발을 한 경우
순 서	포상금 지급신청(등록관청에 신청) ⇨ 포상금 지급결정 ⇨ 포상금 지급(결정일부터 1개월 이내) 시즌1 OX 포상금지급신청서를 국토교통부장관에게 제출해야 한다.(×)	신고서 및 증거자료 제출 ⇨ 포상금지급결정 ⇨ 포상금 지급신청(신고관청 또는 허가관청에 신청) ⇨ 포상금 지급(신청서 접수일부터 2개월 이내) 시즌2
포상금액	1건당 50만원으로 한다. (50% 이내 국고 보조) OX 1인당 50만원(×), 전부 보조(×) 협회 보조(×), 시·도 보조(×)	① 주택임대차계약의 보증금·차임 등을 거짓으로 신고한 자, 부동산 거래신고에서 거짓으로 신고한 자(예 실제 거래가격을 거짓으로 신고한 자, 계약체결이 안 되었음에도 불구하고 거짓 신고한 자, 해제 등이 안 되었음에도 불구하고 거짓 신고를 한 자)

포상금액		⇨ 부과되는 과태료의 20%(부동산기래신고에서 실제 거래가격을 거짓으로 신고한 자에 대한 포상금의 지급한도액은 1천만원으로 한다.) ② 토지거래허가를 받지 않고 계약을 체결한 자, 부정한 방법으로 허가를 받은 자, 허가받은 목적대로 이용하지 않은 자 　⇨ 50만원. 같은 목적으로 위하여 취득한 일단의 토지에 대한 신고·고발은 1건으로 본다. ③ 비용은 시·군·구 재원으로 충당한다(시즌2에서는 국고 보조가 없다).
시간 차이 有無 (시즌1과 시즌2 동일)	① 2명 이상이 공동으로 신고·고발 　⇨ 원칙은 균분. 배분방법의 합의가 있다면 합의대로 ② 2건 이상의 신고·고발, 하나의 위반행위에 대하여 2명이 이상 각각 신고·고발 　⇨ 최초 신고·고발자에게 　**OX** 2명 이상이 각각 신고·고발한 경우 균분하여 지급한다.(×) ③ 이미 발각된 후 신고·고발은 포상금을 지급하지 않는다(포상금은 뒷북 금지!).	

4 부동산거래질서교란행위 신고센터

국토교통부장관은 부동산거래질서교란행위를 방지하기 위하여 부동산거래질서교란행위 신고센터를 설치·운영할 수 있다. ⇨ 국토교통부장관은 신고센터의 업무를 한국부동산원에 위탁한다.

OX 신고센터의 업무를 협회에 위탁한다.(×)

부동산거래질서교란행위

1. 제7조부터 제9조까지(자격증 대여 등, 유사명칭사용금지, 무등록 중개업)
   제18조의4(중개보조원의 고지의무 위반) 또는 제33조 제2항을 위반하는 행위(제유해)
2. 제48조 제2호에 해당하는 행위(부정한 방법으로 등록)
3. 개업공인중개사가 제12조 제1항(이중등록), 제13조 제1항·제2항(이중사무소, 임시중개시설물), 제14조 제1항(겸업제한 위반), 제15조 제3항(중개보조원의 인원수 제한 위반), 제17조(등록증 등 게시의무 위반), 제18조(명칭 위반), 제19조(등록증 대여 등), 제25조 제1항(확인·설명 위반), 제25조의3(임대차 중개시 설명의무 위반) 또는 제26조 제3항을 위반하는 행위(이중계약서)
4. 개업공인중개사 등이 제12조 제2항(이중소속), 제29조 제2항(비밀준수의무 위반) 또는 제33조 제1항을 위반하는 행위(명·초·판·매, 증·거·조·작·단)
5. 「부동산 거래신고 등에 관한 법률」 제3조(부동산거래신고), 제3조의2(해제 등 신고) 또는 제4조를 위반하는 행위(금지행위)

| 주의 |

'교란행위'가 아닌 것을 기억하자!
① 표시·광고 관련 위반행위(명시사항을 위반한 표시·광고, 부당한 표시·광고, 개업공인중개사가 아닌 자가 표시·광고한 것)는 교란행위가 아니다.
② 개업공인중개사가 손해배상책임을 보장하기 위한 조치(보증)를 이행하지 않은 경우, 등록기준에 미달하게 된 경우, 부득이한 사유 없이 6개월을 초과하여 휴업한 경우, 전속중개계약을 체결한 개업공인중개사가 중개대상물에 대한 정보를 공개하지 아니하거나 중개의뢰인의 비공개 요청에도 불구하고 정보를 공개한 경우는 교란행위가 아니다.

(1) 부동산거래질서교란행위 신고센터의 업무

① 부동산거래질서교란행위 신고의 **접수** 및 상담

② 신고사항에 대한 **확인** 또는 시·도지사 및 등록관청 등에 신고사항에 대한 **조사 및 조치 요구** ⇨ 신고센터는 신고사항의 사실관계를 확인한 결과 부동산거래질서교란행위에 해당하는 경우 시·도지사 및 등록관청 등에 조사 및 조치를 요구하여야 한다.
OX 신고센터가 직접 조사 및 조치를 해야 한다.(×)

③ 신고인에 대한 신고사항 처리 결과 통보 ⇨ 신고센터는 시·도지사 및 등록관청 등으로부터 처리 결과를 통보받은 경우 그 내용을 확인한 후 신고인에게 통보해야 한다.

| 주의 |

① 신고센터는 포상금지급업무를 수행하지 않는다.
② 신고센터가 신고인에게 처리결과를 통보해 줄 때 언제까지 통보하라고 하는 기한 규정은 없다.
OX 신고센터가 10일 이내에 신고인에게 통보해야 한다.(×)

(2) 신고사항의 처리종결

신고센터는 다음 경우에 국토교통부장관의 승인을 받아 신고사항의 처리를 종결할 수 있다.
OX 신고센터는 신고내용이 명백히 거짓인 경우 국토교통부장관의 승인을 받지 않고도 신고사항의 처리를 종결할 수 있다.(×)

① 신고내용이 명백히 거짓인 경우

② 신고자가 신고사항의 보완요구를 받고도 보완에 응하지 아니한 경우

③ 신고사항의 처리결과를 통보받은 사항에 대하여 정당한 사유 없이 다시 신고한 경우로서 새로운 사실이나 증거자료가 없는 경우
⇨ ①~③은 신고가 잘못된 거니까

④ 신고내용이 이미 수사기관에서 수사 중이거나 재판이 계속 중이거나 법원의 판결에 의해 확정된 경우 ⇨ 이미 조사 및 조치가 진행 중이니까

(3) 처리절차

① 조사 및 조치의 요구를 받은 시·도지사 및 등록관청 등은 신속하게 해당 요구에 따른 조사 및 조치를 완료하고, 완료된 날부터 10일 이내에 그 결과를 신고센터에 통보해야 한다(신고센터니까 십일).

② 신고센터는 매월 10일까지 직전 달의 신고사항 접수 및 처리 결과 등을 국토교통부장관에게 제출해야 한다(신고센터니까 십일).

🐘 처리절차

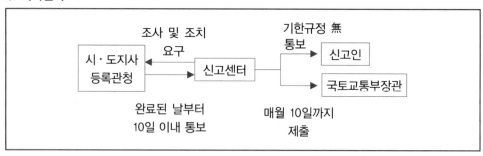

Chapter 10

지도 · 감독 및 행정처분

제1절 | **법 제37조의 감독상 명령**

1 감독권자와 감독대상자

🔊 감독상 명령의 비교

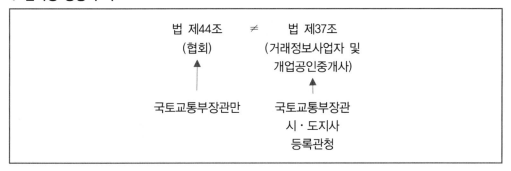

① 감독권자 : 국토교통부장관, 시 · 도지사, 등록관청(분사무소 관할관청도 포함된다.)
그러나 법 제44조의 협회는 **국토교통부장관만** 감독권자이다(ㄱ — ㄱ).

> **OX** 감독관청과 행정처분을 하는 관청이 반드시 일치하는 것은 아니다.(○) ⇨ 분사무소에 대해서 분사무소 관할관청이 감독을 할 수 있지만, 행정처분은 주된 사무소 등록관청이 행한다.

② 감독대상자 : 거래정보사업자, 개업공인중개사(무등록 중개업자와 분사무소도 포함된다.)

2 감독상 명령의 종류

① 업무를 보고하게 하고, 자료의 제출을 명령하고, 사무소에 출입하여 조사 · 검사하는 것이 감독상 명령이다.

② 중개사무소에 출입시 중개사무소 조사 · 검사증명서와 공무원증을 함께 보여주어야 한다.
그러나 거래정보사업자의 사무소에 출입은 허용되지 않는다(거래정보사업자에게는 업무보고와 자료제출 명령만 된다).

> **OX** 중개사무소에 출입시 중개사무소 조사 · 검사증명서만 보여주면 된다.(×)

③ 위반시 제재 : 개업공인중개사는 업무정지사유, 협회와 거래정보사업자는 500만원 이하의 과태료

④ 협조요청 : 국토교통부장관, 시·도지사 및 등록관청은 불법 중개행위 등에 대한 단속을 하는 경우 필요한 때에는 공인중개사협회 및 관계기관에 협조를 요청할 수 있다. 이 경우 공인중개사협회는 특별한 사정이 없으면 이에 따라야 한다.

제2절 | 공인중개사에 대한 행정처분

1 자격취소사유(절대적) ⇨ 필수로 암기

(1) 판단기준

자취는 부·양·지·역에서 한다.

조폭이 사문서 위조(변조)해서 행사하면 사기, 횡령, 배임이다.

(2) 유형

① 부정한 방법으로 자격을 취득한 경우

② 자격증 양도 또는 대여 = 공인중개사가 다른 사람에게 자기의 성명을 사용하여 중개업무를 하게 한 경우

③ 자격정지기간 중에 중개업무를 하거나 자격정지기간 중에 이중소속을 한 경우
(시킨다고 하지 말자! 중개업무를 시킨 개업공인중개사는 자격취소사유×, 절.등.취○)

④ 공인중개사법 위반하여 징역형의 선고를 받은 경우
(공인중개사법 위반하여 징역형의 집행유예 선고○, 벌금형 선고×)

⑤ 공인중개사의 직무와 관련하여 「형법」 제114조(범죄단체 등의 조직 = 조직 폭력), 제231조(사문서 등의 위조·변조), 제234조(위조사문서 등의 행사), 제347조(사기), 제355조(횡령과 배임) 또는 제356조(업무상 횡령과 배임)를 위반하여 금고 이상의 형(집행유예를 포함한다)을 선고받은 경우(금고형 선고○, 징역형 선고○ 집행유예 선고○, 벌금형 선고×)

> **OX** 공인중개사가 공인중개사의 직무와 관련하여 형법상 사기죄로 징역형을 선고받은 경우 그 자격을 취소하여야 한다.(○)

> **주의**
> 공인중개사법 위반으로 금고형 선고는 받을 수 없다.

② 자격정지사유(임의적) ⇨ 참고만

(1) 판단기준

소속공인중개사의 위반 사항 중 자격취소사유에 해당하는 것을 제외하면 나머지는 자격정지사유에 해당한다고 생각하면 된다.

> **주의**
> ① 자격취소는 공인중개사가 대상자이고, 자격정지는 소속공인중개사가 대상자이다.
> ② 자격취소는 절대적(하여야 한다)이고, 자격정지는 임의적(할 수 있다)이다.

(2) 유 형

① 이중소속(but 자격정지기간 중에 이중소속은 자격취소사유)

② 인장을 등록하지 않거나 등록하지 아니한 인장을 사용한 경우

③ 성실·정확하게 확인·설명하지 않거나 설명의 근거자료를 제시하지 않은 경우
그러나 아예 확인·설명을 하지 않은 경우 ⇨ 자격정지사유가 아니다.

④ 이중계약서를 작성한 경우 = 거래계약서에 거래내용을 거짓으로 기재한 경우

⑤ 해당 중개행위를 한 때 중개대상물확인·설명서에 서명 및 날인×

⑥ 해당 중개행위를 한 때 거래계약서에 서명 및 날인×
그러나 작성×, 교부×, 보존× ⇨ 자격정지사유가 아니다.

⑦ 금지행위(9금지)
그러나 소속공인중개사는 중개계약(시작단계)에는 관여가 안 되기 때문에 전속중개계약서를 작성하지 않은 경우 자격정지사유가 아니다.

> **주의**
> 행정처분을 물어 보면 위반 주체가 개업공인중개사인지 소속공인중개사인지 잘 살펴라~!
> 주체가 누군지에 따라서 행정처분이 달라진다.
> 예 개업공인중개사의 이중소속은 절대적 등록취소사유이고, 소속공인중개사의 이중소속은 자격정지사유이다.
> 예 개업공인중개사의 금지행위(9금지)는 임의적 등록취소사유이고, 소속공인중개사의 금지행위(9금지)는 자격정지사유이다.

(3) 처분절차

구 분	자격취소절차	자격정지절차
처분 권자	① 무조건 자격증을 교부한 시·도지사 ② 자격증을 교부한 시·도지사와 사무소 소재지 시·도지사가 다른 경우 ⇨ 사무소 소재지 시·도지사가 필요한 절차(예 청문)를 모두 이행 후 자격증을 교부한 시·도지사에게 통보 ⇨ 통보를 받은 자격증을 교부한 시·도지사가 자격취소처분을 행한다.	① 자격취소의 처분권자와 내용 동일 ② 2분의 1 범위에서 가중 또는 감경할 수 있고, 가중하더라도 6개월을 넘을 수 없다. ③ 별표3에 따르면 이중소속, 이중계약서, 금지행위(9금지)는 자격정지 6개월이다 (이중, 이중, 금지 6글자니까 6개월).
처분 대상	공인중개사라면 누구나 소속공인중개사○, 공인중개사인 개업공인중개사○, 그냥 공인중개사○	소속공인중개사만(임원 또는 사원인 소속공인중개사, 고용인인 소속공인중개사) 개업공인중개사×, 그냥 공인중개사×
사전 절차	취소하고자 하는 경우 청문을 실시하여야 한다(취 - 취). **OX** 취소한 경우 청문을 실시하여야 한다.(×)	① 청문× ② 등록관청이 자격정지사유를 알게 된 때에는 지체 없이 시·도지사에게 통보하여야 한다. **OX** 등록관청이 자격정지처분을 행한다.(×)
사후 절차	① 시·도지사는 자격취소처분을 한 때에는 5일 이내에 이를 국토교통부장관과 다른 시·도지사에게 통보(5일장) ② 자격취소처분을 받은 날부터 7일 이내에 자격증 반납 ③ 자격증을 반납할 수 없는 자는 사유서 제출	① 5일 이내에 통보× ② 자격증 반납×, 사유서× (정지면 가만히~)

참고

자격정지처분절차

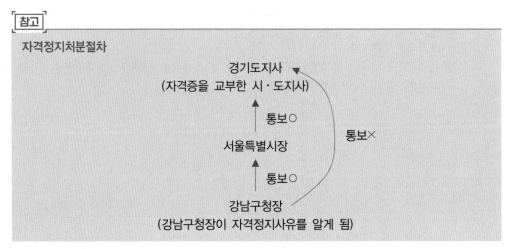

제3절 **개업공인중개사에 대한 행정처분**

1 절대적 등록취소사유(절 · 등 · 취) ⇨ 필수로 암기

(1) 판단기준

부정한 이중 결격사유는 사양한다고!

(2) 유 형

① 부정한 방법으로 등록을 한 경우 = 거짓으로 등록을 한 경우

② 이중등록 = 이중으로 중개사무소 개설등록을 한 경우

  그러나 이중사무소 = 2 이상의 중개사무소를 둔 경우는 임의적 등록취소사유

③ 이중소속(예 개업공인중개사가 다른 중개사무소에 소속공인중개사 또는 중개보조원이 된 경우)

④ 등록의 결격사유 그러나 모든 결격사유가 절대적 등록취소사유는 아니다(예 미성년자).

  OX 개업공인중개사가 파산선고를 받은 경우 등록을 취소해야 한다.(○)

  개업공인중개사가 한정후견 개시심판을 받은 경우 등록을 취소해야 한다.(○)

  개업공인중개사가 공인중개사법을 위반하여 300만원 벌금형 선고를 받은 경우 등록을 취소해야 한다.(○)

⑤ 개인인 개업공인중개사의 사망 또는 법인인 개업공인중개사의 해산

⑥ 등록증 양도 또는 대여 = 개업공인중개사가 다른 사람에게 자기 성명 또는 상호를 사용하여 중개업무를 하게 한 경우

  그러나 공인중개사가 다른 사람에게 자기의 성명을 사용하여 중개업무를 하게 한 경우는 자격증 양도 또는 대여에 해당한다. ⇨ 절대적 등록취소사유×, 자격취소사유○

⑦ 인원 수 제한을 위반하여 중개보조원을 고용한 경우

⑧ 업무정지기간 중 중개업무를 하거나 자격정지기간 중에 중개업무를 시킨 경우 ⇨ 시켜서 중개업무를 한 소속공인중개사는 자격취소사유(시킨다고 하지 말자!)

⑨ 최근 1년 이내에 이 법을 위반하여 2회 이상 업무정지처분을 받고 다시 업무정지처분에 해당하는 위반행위를 한 경우

2 임의적 등록취소사유(임 · 등 · 취) ⇨ 참고만

(1) 옳은 표현

임의적 등록취소사유 ⇨ 등록을 취소할 수 있다.(○), 업무정지를 명할 수 있다.(○), 등록을 취소해야 한다.(×)

🔺 업무정지를 명할 수 있는 것은? (정답 ① ②) ⇨ **업무정지와 임·등·취를 모두 찾아라!**

① 중개대상물확인·설명서를 작성× ⇨ 업무정지사유
② 초과보수 금지행위 ⇨ 임의적 등록취소사유(업무정지 가능)
③ 부정한 방법으로 등록 ⇨ 절대적 등록취소사유

🔺 등록을 취소할 수 있는 것은? (정답 ②) ⇨ **임·등·취만 찾아라!**

① 중개대상물확인·설명서를 작성× ⇨ 업무정지사유
② 초과보수 금지행위 ⇨ 임의적 등록취소사유
③ 부정한 방법으로 등록 ⇨ 절대적 등록취소사유

(2) 유 형

① 업무보증을 설정하지 아니하고 업무를 개시한 경우
② 등록기준에 미달하게 된 경우 **예** 중개사무소가 가설건축물인 경우
③ 부득이한 사유 없이 6개월 초과 휴업을 한 경우
④ 이중사무소를 설치한 경우 = 2 이상의 중개사무소를 둔 경우
⑤ 임시 중개시설물을 설치한 경우
⑥ 법인인 개업공인중개사가 업무범위(겸업제한)를 위반한 경우
⑦ 개업공인중개사 등의 금지행위(9금지) 그러나 '제유해(5가지)'는 임의적 등록취소사유×
⑧ 이중계약서를 작성한 경우 = 거래계약서에 거래내용을 거짓으로 기재한 경우
⑨ 전속중개계약 체결 후 정보를 공개하지 아니하거나 비공개 요청시 공개한 경우
⑩ 독점규제법 위반으로 시정조치 또는 과징금을 최근 2년 이내에 2회 이상 받은 경우
(2년, 2회니까 임의적 등록취소사유)

③ 업무정지사유 ⇨ 참고만

(1) 판단기준

서!(라고) 명령(한다) 고·장·중·지

(2) 유 형

① 중개대상물확인·설명서를 교부×, 보존×
② 중개대상물확인·설명서에 서명 및 날인×
③ 거래계약서를 작성×, 교부×, 보존×
④ 거래계약서에 서명 및 날인×

그러나 이중계약서 = 거짓 기재는 임의적 등록취소사유

⑤ 전속중개계약서에 의하지 아니하고 전속중개계약을 체결하거나 전속중개계약서를 보존×

⑥ 감독상 명령을 위반한 경우

⑦ 이 법 또는 이 법에 의한 명령을 위반한 경우

> **예** 공인중개사법에 의무는 있지만 제재가 규정되어 있지 않으면 업무정지사유에 해당한다. 따라서 고용신고·고용관계 종료신고를 하지 않은 경우 업무정지사유에 해당한다(고스톱).

⑧ 고용인이 등록의 결격사유에 해당하게 된 경우(2개월 이내 해소하면 제재×)
그러나 임원 또는 사원이 등록의 결격사유에 해당하게 된 경우에는 절대적 등록취소사유(2개월 이내 해소하면 제재×)

⑨ 인장을 등록하지 않거나 등록하지 않은 인장을 사용한 경우

⑩ 부동산거래정보망에 중개대상물에 관한 정보를 거짓으로 공개하거나(업무정지기간 6개월) 중개대상물의 거래가 완성된 사실을 해당 거래정보사업자에게 통보하지 아니한 경우(업무정지기간 3개월)
그러나 거짓으로 표시·광고를 한 경우에는 500만원 이하의 과태료

⑪ 부칙상 개업공인중개사가 업무지역을 위반한 경우

⑫ 독점규제법 위반으로 시정명령 또는 과징금을 받은 경우(시정명령 또는 과징금을 처음 받은 경우에는 업무정지사유, 최근 2년 이내에 2회 이상 받은 경우에는 임의적 등록취소사유)

4 상습범, 최근 1년 이내에~

(1) 상습범 판단기준

① 업무정지가 3번째면 절대적 등록취소사유(삼진 아웃) ⇨ 가장 먼저 업무정지가 3번째인지 살펴야 하고, 마지막 위반은 업무정지이어야 한다.

② 절대적 등록취소사유가 아니면 가운데를 살핀다.
가운데 위반횟수가 3회면 임의적 등록취소사유
가운데 위반횟수가 2회면 업무정지사유
가운데 위반횟수가 1회면 마지막 위반 사유 그대로 간다.
'가운데'는 어디인가? ⇨ 최근 1년 이내에 ~가운데~ 다시

(2) 사 례

① 최근 1년 이내에 2회 업무정지처분을 받고 다시 업무정지처분에 해당하는 위반행위를 한 경우 ⇨ 절대적 등록취소사유(업무정지가 3번째)

② 최근 1년 이내에 2회 업무정지처분, 1회 과태료처분을 받고 다시 업무정지처분에 해당하는 위반행위를 한 경우 ⇨ 절대적 등록취소사유(업무정지가 3번째)

③ 최근 1년 이내에 2회 업무정지처분, 1회 과태료처분을 받고 다시 과태료처분에 해당하는 위반행위를 한 경우 ⇨ 임의적 등록취소사유(가운데가 3회)

④ 최근 1년 이내에 1회 업무정지처분, 2회 과태료처분을 받고 다시 과태료처분에 해당하는 위반행위를 한 경우 ⇨ 임의적 등록취소사유(가운데가 3회)

⑤ 최근 1년 이내에 1회 업무정지처분, 2회 과태료처분을 받고 다시 업무정지처분에 해당하는 위반행위를 한 경우 ⇨ 임의적 등록취소사유(가운데가 3회)

⑥ 최근 1년 이내에 3회 과태료처분을 받고 다시 업무정지처분에 해당하는 위반행위를 한 경우 ⇨ 임의적 등록취소사유(가운데가 3회)

⑦ 최근 1년 이내에 1회 업무정지처분, 1회 과태료처분을 받고 나시 과태료처분에 해당하는 위반행위를 한 경우 ⇨ 업무정지사유(가운데가 2회)

⑧ 최근 1년 이내에 1회 업무정지처분, 1회 과태료처분을 받고 다시 업무정지처분에 해당하는 위반행위를 한 경우 ⇨ 업무정지사유(가운데가 2회)

⑨ 최근 1년 이내에 2회 업무정지처분을 받고 다시 과태료처분에 해당하는 위반행위를 한 경우 ⇨ 업무정지사유(가운데가 2회)

⑩ 최근 1년 이내에 1회 업무정지처분을 받고 다시 업무정지처분에 해당하는 위반행위를 한 경우 ⇨ 업무정지사유(마지막 위반 사유 그대로)

⑪ 최근 1년 이내에 1회 과태료처분을 받고 다시 업무정지처분에 해당하는 위반행위를 한 경우 ⇨ 업무정지사유(마지막 위반 사유 그대로)

⑫ 최근 1년 이내에 1회 업무정지처분을 받고 다시 과태료처분에 해당하는 위반행위를 한 경우 ⇨ 과태료처분사유(마지막 위반 사유 그대로)

⑬ 최근 1년 이내에 1회 과태료처분을 받고 다시 과태료처분에 해당하는 위반행위를 한 경우 ⇨ 과태료처분사유(마지막 위반 사유 그대로)

> **주의**
>
> ① 최근 1년 이내에 3회 업무정지처분을 받고 다시 과태료처분에 해당하는 위반행위를 한 경우 ⇨ 임의적 등록취소사유(마지막이 업무정지가 아니고, 가운데가 3회니까)
> ② '2회 이상 업무정지처분 또는 과태료처분'은 업무정지처분과 과태료처분을 합해서 2번 받았다는 의미이다.
>   **예** 최근 1년 이내에 2회 이상 업무정지처분 또는 과태료처분을 받고 다시 과태료처분에 해당하는 위반행위를 한 경우 ⇨ 업무정지사유

5 업무정지처분의 소멸시효(제척기간) ⇨ 폐업과 무관

업무정지사유가 발생한 날부터 **3년**이 지난 때에는 업무정지처분을 할 수 없다(등록취소, 자격취소, 자격정지는 소멸시효가 없다. 따라서 3년이 지났어도 처분을 할 수 있다).

OX 등록취소사유가 발생한 날부터 3년이 지난 때에는 등록취소처분을 할 수 없다.(×) ⇨ 등록취소는 소멸시효가 없으므로 3년 지났어도 등록취소처분을 한다.

업무정지사유가 발생한 날부터 1년이 지난 때에는 업무정지처분을 할 수 없다.(×) ⇨ 소멸시효 기간은 3년이다.

6 행정제재처분효과의 승계 ⇨ 폐업과 관련

① 업무정지처분 또는 과태료처분을 받고 **폐업**신고를 함 ⇨ **처분일**(폐업일×)부터 1년간 재등록을 함 ⇨ 효과가 승계된다(처분을 받은 기록이 승계됨, 상습범 때문에).

OX 처분일부터 9개월 된 때에는 효과가 승계된다.(○)
처분일부터 13개월 된 때에는 효과가 승계된다.(×)

> **주의**
> 처분일부터 재등록일까지 기간 ⇨ 1년 이하면 승계○, 1년 초과면 승계×

② 업무정지사유에 해당하는 잘못을 하고 처분을 받기 전에 폐업신고를 함 ⇨ **폐업기간**이 **1년 초과됨** ⇨ 재등록을 하더라도 폐업신고 전의 업무정지사유를 이유로 업무정지처분을 할 수 없다.

OX 폐업기간이 9개월이면 업무정지처분을 할 수 있다.(○)
폐업기간이 13개월이면 업무정지처분을 할 수 있다.(×)

> **주의**
> 폐업기간 ⇨ 1년 이하면 업무정지처분○, 1년 초과면 업무정지처분×

③ 등록취소사유에 해당하는 잘못을 하고 처분을 받기 전에 폐업신고를 함 ⇨ **폐업기간**이 **3년 초과됨** ⇨ 재등록을 하더라도 폐업신고 전의 등록취소사유를 이유로 등록취소처분을 할 수 없다.

OX 폐업기간이 2년이면 등록취소처분을 한다.(○)
폐업기간이 4년이면 등록취소처분을 한다.(×)

> **주의**
> 폐업기간 ⇨ 3년 이하면 등록취소처분○, 3년 초과면 등록취소처분×
> 등록취소는 이래나 저래나 3년만 채우면 된다.

그러나 폐업기간이 3년 초과된 것이 아니라면 등록취소처분을 하고, 결격기간(3년)에서 폐업기간을 공제한 기간 동안 결격사유에 해당한다. **예** 폐업기간이 2년이었다면 등록취소처분을 하고, 3년에서 2년을 공제한 1년간만 결격사유에 해당한다.

④ 재등록 개업공인중개사에 대하여 폐업신고 전의 위반행위에 대한 행정처분을 함에 있어서는 폐업기간과 폐업의 사유 등을 고려해야 한다(고려할 수 있을 때 고려하세요~).

🐦 **사례문제 해결 방법**

1. 처분을 받았다면 '처분일부터 재등록일'까지 기간을 계산한다.
   ⇨ 1년 이하면 승계○, 1년 초과면 승계×
2. 처분을 안 받았다면 '폐업기간'을 계산한다.
   ⇨ 1년 이하면 업무정지처분○, 1년 초과면 업무정지처분×
   3년 이하면 등록취소처분○, 3년 초과면 등록취소처분×

[예] 甲이 2024년 7월 6일에 공인중개사법에 따른 과태료처분을 받았으나 2025년 2월 6일에 폐업신고를 하였다가 2025년 5월 6일에 다시 중개사무소의 개설등록을 하였다면, 위 과태료처분의 효과는 승계된다.(○) ⇨ 처분일부터 재등록일까지 10개월이니까 승계된다.

[예] 乙이 2021년 3월 6일에 업무정지치분에 해당하는 행위를 하였으나 2024년 7월 6일에 폐업신고를 하였다가 2025년 5월 6일에 다시 중개사무소의 개설등록을 하였다면, 종전의 위반행위에 대하여 업무정지처분을 할 수 있다.(○) ⇨ 폐업기간이 10개월이니까 업무정지처분을 할 수 있다.

[예] 丙이 2021년 3월 6일에 등록취소처분에 해당하는 행위를 하였으나 2022년 7월 6일에 폐업신고를 하였다가 2025년 5월 6일에 다시 중개사무소의 개설등록을 하였다면, 종전의 위반행위에 대하여 등록취소처분을 한다.(○) ⇨ 폐업기간이 2년 10개월이니까 등록취소처분을 한다.

---

7 처분절차

구 분	등록취소절차	업무정지절차
처분 권자	① 등록관청 ② 사무소 이전의 경우 이전 전 사유로 인한 등록취소처분과 업무정지처분은 이전 후 등록관청이 행한다(추노×).	① 등록관청(분사무소에 대한 업무정지는 주된 사무소 등록관청이 한다.) 　**OX** 법인 또는 분사무소별로 업무정지를 명할 수 있다.(○) 　분사무소별로 업무정지를 명해야 한다.(×) ② 2분의 1 범위에서 가중 또는 감경할 수 있고, 가중하더라도 6개월을 넘을 수 없다. ③ 업무정지(자격정지) 부과기준은 국토교통부령으로 정한다. 　but 등록기준, 설치기준, 과태료 부과기준은 대통령령으로 정한다.

사전 절차	취소하고자 하는 경우 청문을 실시하여야 한다.(취 - 취) 사망·해산시 청문× **OX** 반드시 청문을 실시하여야 한다.(×)	청문×
사후 절차	① 5일 이내에 통보× ② 7일 이내에 등록증 반납○ 　 but 사유서× ③ 법인의 해산의 경우 등록취소 후 대표 　 자이었던 자가 7일 이내에 등록증 반납○ 　 but 사망시 등록증 반납× ④ 지체 없이 간판철거○	① 5일 이내에 통보× ② 등록증 반납×, 사유서× ③ 간판철거× ④ 출입문에 표시× 　 (정지면 가만히~)

주의

위반행위가 둘 이상인 경우에는 각 업무정지기간을 합산한 기간을 넘지 않는 범위에서 가장 무거운 처분기준의 2분의 1의 범위에서 가중한다. 다만, 가중하는 경우에도 <u>총 업무정지기간은 6개월을 넘을 수 없다.</u>

예 업무정지 4개월, 업무정지 3개월 ⇨ 4개월을 2분의 1을 가중하면 2개월, 4개월 + 2개월 = 6개월, 6개월을 넘지 않았으므로 6개월 업무정지

예 업무정지 6개월, 업무정지 3개월 ⇨ 6개월을 2분의 1을 가중하면 3개월, 6개월 + 3개월 = 9개월, 9개월은 6개월을 넘었으므로 6개월 업무정지

벌 칙

제1절 | 행정형벌

1 3년 이하의 징역 또는 3천만원 이하의 벌금 ⇨ 참고만

① 무등록 중개업자(예 등록을 하지 않고 중개업을 한 자, 폐업신고 후 중개업을 한 자)

② 거짓 그 밖의 부정한 방법으로 등록한 자

> **OX** 부정한 방법으로 자격을 취득한 자는 3년 − 3천에 해당한다.(×)
>
> 부정한 방법으로 지정을 받은 자는 3년 − 3천에 해당한다.(×)

③ 금지행위(9금지)에서 증·거·조·작·단

④ 개업공인중개사 등의 업무를 방해해서는 안 되는 행위(5가지, 제유해)

2 1년 이하의 징역 또는 1천만원 이하의 벌금 ⇨ 필수로 암기

(1) 판단기준

'이', '2'와 관련, 명·초·판·매

(2) 유 형

① 이중등록

② 이중소속

③ 이중사무소를 설치한 경우

④ 임시 중개시설물을 설치한 경우 그러나 이중계약서는 행정형벌×

⑤ 등록증 양도 또는 대여, 양수 또는 대여 받은 자(알선한 자)

⑥ 자격증 양도 또는 대여, 양수 또는 대여 받은 자(알선한 자)

⑦ 공인중개사가 아닌 자가 공인중개사 또는 이와 유사 명칭을 사용한 경우(2글자)

⑧ 개업공인중개사가 아닌 자가 공인중개사사무소, 부동산중개 또는 이와 유사 명칭을 사용한 경우(2글자)

⑨ 개업공인중개사가 아닌 자가 표시·광고를 한 경우(2글자)

⑩ 업무상 비밀을 누설한 경우(둘이서 소곤소곤), 반의사불벌죄

⑪ 거래정보사업자가 개업공인중개사로부터 의뢰받지 않은 것을 공개하거나 의뢰받은 것과 다르게 공개하거나 차별적으로 공개한 경우(의 의 차)

⑫ 인원 수 제한을 위반하여 중개보조원을 고용한 경우

⑬ 금지행위(9금지) 중에서 명·초·판·매

🔺 개업공인중개사에 대한 행정처분과 행정형벌의 병과

절대적 등록취소사유	행정형벌	임의적 등록취소사유
부정한 방법으로 등록	3년 − 3천	금지행위(증거조작단)
이중등록 이중소속 등록증 양도 또는 대여 인원 수 제한을 위반하여 중개보조원을 고용한 경우	1년 − 1천	금지행위(명초판매) 이중사무소 임시중개시설물

OX 행정처분과 행정형벌은 병과될 수 있다.(○)
행정처분과 과태료처분은 병과될 수 있다.(○)
행정형벌과 과태료처분은 병과될 수 있다.(×)

3 양벌규정

① 개인인 개업공인중개사도 양벌규정이 적용된다. 임원 또는 사원의 잘못으로도 양벌규정이 적용된다(양벌규정은 벌금형만 따오는 것이다).

② 양벌규정으로 징역형 선고를 받지 않는다(양벌규정은 징역형은 안 따온다).

③ 개업공인중개사가 무과실이면 양벌규정은 적용되지 않는다(벌금형 선고를 받지 않는다).

④ 양벌규정에 의해 벌금형 선고를 받더라도 등록의 결격사유에 해당하지 않는다.

제2절 행정질서벌(과태료)

1 500만원 이하의 과태료 ⇨ 참고만

① 협회, 거래정보사업자, 정보통신서비스 제공자는 규모가 크기 때문에 500만원 이하의 과태료

② 개업공인중개사가 성실·정확하게 확인·설명하지 않거나 설명의 근거자료를 제시하지 않은 경우(but 소속공인중개사는 자격정지사유)

③ 개업공인중개사(소속공인중개사×)가 부당한 표시·광고를 한 경우

   예 무(無)지 과장하고 축소해

④ 정당한 사유 없이 연수교육을 받지 아니한 자(개업공인중개사 & 소속공인중개사, 오연수)

⑤ 중개보조원이 중개의뢰인에게 본인이 중개보조원이라는 사실을 미리 알리지 않은 경우

  ⇨ 중개보조원 및 개업공인중개사(다만, 개업공인중개사가 상당한 주의와 감독을 게을리 하지 않은 경우에 개업공인중개사는 과태료를 받지 않는다.)

   OX 중개보조원이 고지의무를 위반한 것에 대해서 개업공인중개사가 상당한 주의와 감독을 게을리하지 않은 경우 중개보조원도 과태료를 받지 않는다.(×)

2 100만원 이하의 과태료 ⇨ 필수로 암기

(1) 판단기준

게·명·신고·증반납, 과 − 과

(이름을 바꾸면서 개명신고하면 주민등록증에 이름이 바뀌기에 반납한다.)

(2) 유형

① 중개사무소등록증 원본(분사무소는 신고확인서 원본), 자격증 원본, 사업자등록증 등 게시×

② 개업공인중개사가 사무소 명칭 사용의무를 위반한 경우

   예 부칙상 개업공인중개사가 사무소 명칭에 '공인중개사사무소' 문자를 사용한 경우

③ 옥외광고물(간판)에 성명표기 의무를 위반한 경우

④ 개업공인중개사가 중개대상물에 대한 표시·광고시 명시 사항을 위반한 경우

   예 중개보조원에 관한 사항을 명시한 경우, 등록번호를 명시하지 않은 경우, 인터넷 표시·광고시 건축물에서 총 층수를 명시하지 않은 경우

⑤ 사무소 이전신고×

⑥ 휴업(3개월 초과)·폐업·재개·변경 신고×

  그러나 고용신고×, 고용관계종료신고× ⇨ 업무정지사유(고스톱)

⑦ 자격취소 후 자격증 반납×

  사유서를 제출하지 아니한 자

  사유서에 거짓 기재한 자

⑧ 등록취소 후 등록증 반납×(사유서 규정 無)

⑨ 중개완성 시 '보증기간, 보증기관, 보증금액'을 설명하지 않거나 관계증서 사본(or 전자문서) 교부×(관계증서니까 과태료, 과 − 과)

⚡ 중개완성시 거래당사자에게 교부해야 하는 것

1. 거래계약서 ⇨ 업무정지사유
2. 중개대상물확인 · 설명서 ⇨ 업무정지사유
3. 보증관계증서 사본 ⇨ 100만원 이하의 과태료(과 - 과)

3 과태료 부과권자

① 협회, 거래정보사업자, 정보통신서비스 제공자 ⇨ 국토교통부장관

② 연수교육을 받지 않은 것과 자격취소 후 자격증 반납하지 않은 것 ⇨ 시 · 도지사

③ ①과 ②를 제외한 나머지는 등록관청이 부과한다.

> **예** 개업공인중개사가 부당한 표시 · 광고를 한 경우 500만원 이하의 과태료 ⇨ 등록관청이 부과한다.
>
> 등록취소 후 등록증 반납하지 않은 경우 100만원 이하의 과태료 ⇨ 등록관청이 부과한다.

4 가중 또는 감경(늘리거나 줄이는 것)

① 과태료처분의 경우 2분의 1 범위 안에서 가중 또는 감경할 수 있다. 단, 과태료를 체납한 위반자는 감경해 주지 않는다(뭐가 이쁘다고 해주냐~).

② 가중한다 하더라도 상한선을 넘을 수 없다.

> **OX** 3개월 초과 휴업신고를 하지 않아서 200만원의 과태료를 부과받았다.(×)

부동산 거래신고
등에 관한 법령

Chapter 01

부동산 거래신고

제1절 신고대상 등

1 신고대상 ⇨ 매매계약 ○, 공급계약 ○, 교환 ×, 증여 ×, 임대차 ×, 경매 ×

① 부동산(토지 또는 건축물)의 매매계약

> **OX** 토지거래허가를 받았더라도 부동산 거래신고는 해야 한다.(○)
>
> 농지취득자격증명을 발급받았더라도 부동산 거래신고는 해야 한다.(○)

🔦 신고대상인 공급계약 관련 법률(8가지)

> 1. 주택법
> 2. 도시 및 주거환경정비법
> 3. 빈집 및 소규모주택 정비에 관한 특례법
> 4. 건축물의 분양에 관한 법률(건축법×)
> 5. 택지개발촉진법
> 6. 도시개발법
> 7. 산업입지 및 개발에 관한 법률
> 8. 공공주택 특별법
> ⇨ 주택을 정비해서 분양하는 건 택·도·업·공~

② 위의 8가지 법상 부동산 공급계약

③ 위의 8가지 법상 공급계약을 통하여 부동산을 공급받는 자로 선정된 지위의 매매계약

④ 도시 및 주거환경정비법상 관리처분계획 인가로 인하여 취득한 입주자로 선정된 지위 와 빈집 및 소규모 주택 정비에 관한 특례법상 사업시행계획인가로 취득한 입주자로 선정된 지위의 매매계약

🔦 신고대상 사례

> 1. 빈집 및 소규모주택 정비에 관한 특례법상 부동산 공급계약(○)
> 2. 빈집 및 소규모주택 정비에 관한 특례법상 공급계약을 통하여 부동산을 공급받는 자로 선정된 지위의 매매계약(○)
> 3. 빈집 및 소규모주택 정비에 관한 특례법상 사업시행계획인가로 취득한 입주자로 선정된 지위의 매매계약(○)
> 4. 택지개발촉진법상 부동산 공급계약(○)

　　5. 택지개발촉진법상 공급계약을 통하여 부동산을 공급받는 자로 선정된 지위의 매매계약(○)
　　6. 택지개발촉진법상 입주자로 선정된 지위의 매매계약(×)

> **주의**
>
> ① 공급계약 = 분양계약, 공급받는 자로 선정된 지위 = 분양권, 입주자로 선정된 지위 = 입주권
> ② 분양권·입주권 매매계약 = 전매
> ③ 공급계약, 분양권 매매계약은 8개법이 다 된다. but 입주권 매매계약은 '정비법' 두 가지만 된다.
> ④ 정비법 + 공급계약, 정비법 + 매매계약 ⇨ 무조건 ○

② 신고의무자, 신고기한 및 신고관청

(1) 신고의무자

① 개업공인중개사가 거래계약서를 작성·교부한 경우(중개거래) : 개업공인중개사가 신고의무자이다(거래당사자×, 개업공인중개사 또는 거래당사자가 신고×). 공동중개시 공동으로 신고해야 한다.

　　OX 개업공인중개사가 거래계약서를 작성·교부한 경우 거래당사자 또는 개업공인중개사가 부동산 거래신고를 해야 한다.(×)

② 개업공인중개사를 배제하고 직거래한 경우(직거래) : 거래당사자가 신고의무자이다. 일방에 국가 등이 있다면 국가 등이 신고의무자이다(국민은 신고의무자×)

　　OX 국가와 국민이 거래계약을 체결한 경우 국가와 국민이 공동으로 신고해야 한다.(×)

(2) 신고기한 및 신고관청

거래계약 체결일(잔금지급일×)부터 30일(3개월×, 60일×) 이내에 부동산 소재지(사무소 소재지×) 시장·군수 또는 구청장(신고관청)에게 신고해야 한다.

> **주의**
>
> ① 신고관청(부동산 소재지 시장·군수 또는 구청장) ≠ 등록관청(사무소 소재지 시장·군수 또는 구청장)
> ② 개업공인중개사도 신고관청에 신고해야 한다(등록관청×).

③ 신고필증 발급 및 검인의제

① 신고관청은 지체 없이(즉시×) 신고필증을 발급해야 한다.

② 신고필증을 발급받은 때에는 검인받은 것으로 본다. ⇨ 바로 가서 소유권이전등기를 신청하면 된다.

> **주의**
>
> 의제규정은 '안 해도 된다.'라고 생각하면 된다. 예를 들어 검인의제는 '검인을 안 해도 된다.'라고 생각하면 된다.

제2절 신고절차 등

1 신고절차

(1) 중개거래인 경우

① 개업공인중개사가 신고 : 개업공인중개사가 신고서에 서명 또는 날인하여 제출해야 한다(거래당사자의 서명 또는 날인은 불필요). 공동중개의 경우 신고서에 공동으로 서명 또는 날인하여 제출해야 한다.

② 신고의 대행 : 소속공인중개사가 대행할 수 있다(중개보조원은 대행×). 위임장은 제출하지 않는다.

　OX 신고서 제출을 대행하는 소속공인중개사는 신고서에 서명 또는 날인을 해야 한다.(×)

(2) 직거래인 경우

① 거래당사자가 공동신고(국민들이고, 거부 안 한 경우) : 거래당사자가 신고서에 공동으로 서명 또는 날인하여 제출해야 한다. 거부한 경우가 아니므로 신고서만 제출하면 된다.

　OX 공동으로 신고서를 제출해야 한다.(×)

② 일방에 국가 등이 있다면 국가 등이 신고서에 단독으로 서명 또는 날인하여 제출해야 한다(국민의 서명 또는 날인은 불필요). 거부한 경우가 아니므로 신고서만 제출하면 된다.

③ 일방이 신고를 거부한 경우 단독으로 신고할 수 있고, 단독신고할 때 단독으로 서명 또는 날인한 신고서, 단독신고사유서, 거래계약서 사본을 제출해야 한다(공동중개시 공동신고를 거부한 경우도 동일함).

④ 신고의 대행 : 거래당사자(국가 등, 일방이 거부한 경우 타방)의 위임을 받은 자가 대행할 수 있다. 거래당사자를 대행하는 경우에는 위임장을 제출해야 한다. ⇨ 개인이 위임한 경우 신분증명서 사본과 위임장(거래당사자가 서명 또는 날인), 법인이 위임한 경우 위임장(법인인감을 날인)

> **주의**
>
> 공동신고 = 공동으로 서명 또는 날인
> 단독신고 = 단독으로 서명 또는 날인
> 대행 = 대신 제출하는 것(심부름하는 것)

(3) 전자문서에 의한 신고와 신분확인

① 전자문서에 의한 신고 : 대행하는 경우와 일방이 거부한 경우에는 전자문서에 의한 신고가 인정되지 않는다(but 개업공인중개사, 거래당사자 공동신고, 국가 등이 신고, 법인 신고서, 자금조달 및 입주계획서, 해제 등 신고, 정정신청, 변경신고 ⇨ 전자문서○).

② 신분확인 : 신고서를 제출하는 자(개업공인중개사, 거래당사자, 대행하는 자)는 신분증명서(여권도 포함)를 신고관청에게 보여주어야 한다. 전자문서로 신고하는 자는 인증서를 통한 본인확인 방법으로 서명 또는 날인할 수 있다(공인인증서를 통해서 로그인하는 방법).

③ 부동산거래계약시스템을 통해서 전자계약을 체결한 때에는 부동산 거래신고가 의제된다(부동산거래계약시스템으로 계약을 해제하면 해제 등 신고도 의제됨).

② 법인 주택 거래계약 신고서(법인 신고서)를 제출하는 경우 = 법인 현황이 신고사항인 경우

법인 신고서에 법인의 등기현황, 임원과 상대방이 친족관계인지를 기재한다.

🐦 제출하는 경우

> 개인 간의 주택 매매×, 법인이 주택 매도인○, 법인이 주택 매수인○
> 법인이 토지(상가) 매도인 또는 매수인×

① 법인 제출 원칙 : 신고서를 제출할 때 법인 신고서를 신고관청에 함께 제출해야 한다(30일 이내).

② 법인 제출 예외 : 법인이 분리하여 제출하기를 희망하는 경우 법인은 법인 신고서를 계약체결일부터 30일 이내에 별도로 제출할 수 있다.

③ 법인 이외의 자가 제출 : 법인이 신고하려는 자(법인 이외의 자)에게 계약체결일부터 25일 이내에 법인 신고서를 제공해야 하며, 이 기간 내에 제공하지 않으면 법인이 별도로 제출해야 한다.

3 자금조달 및 입주계획서를 제출하는 경우 = 자금조달계획, 주택의 이용계획이 신고사항인 경우

🔖 **제출하는 경우**

> 1. 법인이 주택 매수인 ⇨ ○(지역, 금액 상관없이 제출)
> 2. 개인이 주택 매수인 ⇨ 투기과열지구 내의 주택○(금액 상관없이 제출)
>   조정대상지역 내의 주택○(금액 상관없이 제출)
>   비규제지역에서 실제 거래가격이 6억원 이상인 주택○
>   비규제지역에서 실제 거래가격이 6억원 미만인 주택×

① 매수인 제출 원칙: 신고서를 제출할 때 매수인이 단독으로 서명 또는 날인한 자금조달 및 입주계획서를 신고관청에 함께 제출해야 한다(30일 이내).

② 매수인 제출 예외: 매수인이 분리하여 제출하기를 희망하는 경우 매수인은 자금조달 및 입주계획서를 계약체결일부터 30일 이내에 별도로 제출할 수 있다.

③ 매수인 이외의 자가 제출: 매수인이 신고하려는 자(매수인 이외의 자)에게 계약체결일부터 25일 이내에 자금조달 및 입주계획서를 제공해야 하며, 이 기간 내에 제공하지 않으면 매수인이 별도로 제출해야 한다.

> **주의**
>
> 투기과열지구 내에 소재하는 주택의 경우 자금조달 및 입주계획서에 <u>자금조달계획을 증명하는 서류를 첨부하여 제출해야 한다.</u>
> 📌 대출받았으면 대출받은 서류 ⇨ 법인과 개인 둘 다 동일함

4 자금조달 및 토지이용계획서를 제출하는 경우 = 자금조달계획, 토지이용계획이 신고사항인 경우

🔖 **제출하는 경우**

> 수도권 등 = 수도권, 광역시, 세종특별자치시
> 1. 수도권 등에 소재하는 실제 거래가격이 1억원 이상인 토지를 매수하는 경우 제출○
> 2. 수도권 등에 소재하는 토지를 지분으로 매수하는 경우 ⇨ 금액 상관없이 제출○
> 3. 수도권 등 외의 지역에 소재하는 실제 거래가격이 6억원 이상인 토지를 매수하는 경우 제출○
> 4. 수도권 등 외의 지역에 실제 거래가격이 6억원 이상인 토지를 지분으로 매수하는 경우 제출○

① 매수인 제출 원칙: 신고서를 제출할 때 매수인이 단독으로 서명 또는 날인한 자금조달 및 토지이용계획서를 신고관청에 함께 제출해야 한다(30일 이내).

② 매수인 제출 예외: 매수인이 분리하여 제출하기를 희망하는 경우 매수인은 자금조달 및 토지이용계획서를 계약체결일부터 30일 이내에 별도로 제출할 수 있다.

③ 매수인 이외의 자가 제출 : 매수인이 신고하려는 자(매수인 이외의 자)에게 계약체결일부터 25일 이내에 자금조달 및 토지이용계획서를 제공해야 하며, 이 기간 내에 제공하지 않으면 매수인이 별도로 제출해야 한다.

🔖 국가 등 제출여부

1. 법인 신고서 : 국가 등이 매도인인 경우 제출×, 국가 등이 매수인인 경우 제출×
2. 자금조달 및 입주계획서 : 국가 등이 매도인이고, 개인이 매수인인 경우 제출○
   국가 등이 매수인이고, 개인이 매도인인 경우 제출×
3. 자금조달 및 토지이용계획서 : 국가 등이 매도인이고, 개인이 매수인인 경우 제출○
   국가 등이 매수인이고, 개인이 매도인인 경우 제출×

제3절 부동산 거래계약 해제 등 신고 등

1 부동산 거래계약 해제 등 신고

① 거래당사자는 부동산 거래신고 후 매매계약이 무효 또는 취소·해제된 경우에는 해제 등이 확정된 날부터 30일 이내에 공동으로 해제 등 신고를 해야 한다. ⇨ 거래당사자는 의무이다.

② 개업공인중개사는 해제 등 신고를 할 수 있지만, 해제 등 신고의무는 없다. ⇨ 개업공인중개사는 의무가 아니다.

③ 일방이 국가 등인 경우 국가 등이 단독으로 서명 또는 날인하여 해제 등 신고서를 제출할 수 있다.

④ 일방이 거부해서 단독으로 해제 등을 신고하려는 자는 단독으로 서명 또는 날인한 해제 등 신고서, 단독신고사유서, 확정된 법원의 판결문 등 해제 등이 확정된 사실을 입증할 수 있는 서류를 제출해야 한다(거래계약서 사본×).

⑤ 신고관청은 해제 등 확인서를 지체 없이 발급해야 한다.

> **주의**
>
> ① 부동산거래신고를 거부한 경우 : 신고서 + 사유서 + 거래계약서 사본
> ② 해제 등 신고를 거부한 경우 : 신고서 + 사유서 + 해제 등 확정된 사실을 입증할 수 있는 서류

제1장 부동산 거래신고 **121**

2 정정신청 ⇨ 공무원이 신고필증에 잘못 기재함

① 신고 후 신고한 내용이 잘못 기재된 경우 거래당사자 또는 개업공인중개사가 정정신청을 할 수 있다. ⇨ 거래당사자와 개업공인중개사 둘 다 의무 아니다.

② 부동산의 소재지, 거래금액(거래가격), 계약일(日) 등 중요한 사항은 정정신청대상이 아니다[소·금은·해(日)가 중요하다.]. ⇨ 중요한 사항은 정정신청대상이 아니다.

③ 거래당사자의 성명·생년월일도 중요한 사항이므로 정정신청대상이 아니다. ⇨ 중요한 사항은 정정신청대상이 아니다.

④ '주소', '전화번호'는 일방이 단독으로 정정신청을 할 수 있다.

⑤ 신고관청은 정정사항을 반영한 신고필증을 지체 없이 재발급해야 한다.

> **주의**
>
> 변경신고와 정정신청은 하는 경우가 다르다. 변경된 경우에는 변경신고대상이고, 잘못 기재된 경우에는 정정신청대상이다.
> **예** 거래지분비율이 변경된 경우에는 변경신고대상이고, 거래지분비율이 잘못 기재된 경우에는 정정신청대상이다.

3 변경신고 ⇨ 매도인과 매수인이 계약 내용을 바꿈

① 신고 후 신고내용이 변경된 경우 등기신청 전까지 거래당사자 또는 개업공인중개사가 변경신고서를 제출할 수 있다. ⇨ 거래당사자와 개업공인중개사 둘 다 의무 아니다.

② 매수인(부동산)의 '추가 또는 교체'는 변경신고대상이 아니고, '제외'는 변경신고대상이다.
⇨ 추가 또는 교체(new)는 변경이 아니니까 변경신고×, 제외는 변경이니까 변경신고○

③ 면적의 변경은 없이 물건 거래금액만 변경하는 경우 변경신고시 거래계약서 사본을 첨부해야 한다.

④ 분양가격 및 선택품목은 거래당사자 일방이 단독으로 변경신고를 할 수 있다.
예 옵션이 추가되어 분양가격이 오른 경우 일방이 단독으로 변경신고를 할 수 있다.

⑤ 신고관청은 변경사항을 반영한 신고필증을 지체 없이 재발급해야 한다.

4 신고가격의 검증체계, 신고내용의 조사

① 국토교통부장관이 신고가격의 검증체계를 구축·운영해야 한다.
OX 국토교통부장관이 신고가격의 적정성을 검증해야 한다.(×)

② 신고관청이 검증체계에 의하여 적정성을 검증해야 한다.

③ 신고관청이 검증결과를 관할 세무관서의 장에게 통보해야 한다(관할 세무관서의 장이 과세자료로 활용).

④ 국토교통부장관은 신고내용의 조사를 직접 또는 신고관청과 공동으로 실시할 수 있다.

제4절 제재 등

1 제 재

① 신고내용의 조사 관련 자료
　㉠ **거래대금지급증명자료**를 제출하지 않거나 거짓으로 제출 : 3천만원 이하의 과태료
　㉡ 거래대금지급증명자료 외의 자료를 제출하지 않거나 거짓으로 제출 : 500만원 이하의 과태료

② 거짓신고 관련
　㉠ 거짓신고를 요구, 조장, 방조를 한 자 : 500만원 이하의 과태료
　㉡ 실제 거래가격 등을 거짓으로 신고한 자(누구든지) : 취득가액의 100분의 10 이하에 상당하는 금액의 과태료
　㉢ 신고대상인 계약을 체결하지 아니하였음에도 불구하고 거짓신고, 해제 등이 되지 아니하였음에도 불구하고 거짓신고 : 3천만원 이하의 과태료

③ 신고하지 아니한 자 ⇨ 신고하지 아니한 자는 30일 이내에 신고를 하지 아니한 자를 말한다.
　㉠ 부동산 거래신고를 하지 아니하거나 공동신고를 거부한 자(거래당사자○, 개업공인중개사○) : 500만원 이하의 과태료
　㉡ 해제 등 신고를 하지 아니하거나 공동신고를 거부한 자(거래당사자○, 개업공인중개사✕) : 500만원 이하의 과태료

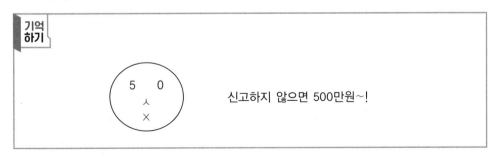

기억
하기

5　　0
　ㅅ
　✕

신고하지 않으면 500만원~!

④ 부당하게 재물이나 재산상 이득을 취득하거나 제3자로 하여금 이를 취득하게 할 목적으로(= 부당이득의 목적으로) 신고대상인 계약을 체결하지 아니하였음에도 불구하고 거짓신고를 한 자 또는 해제 등이 되지 아니하였음에도 불구하고 거짓신고를 한 자는 3년 이하의 징역 또는 3천만원 이하의 벌금에 처한다(but 부당이득의 목적이 없으면 3천만원 이하의 과태료).

⑤ 신고관청이 과태료를 부과한 후 10일 이내에 등록관청에 통보해야 한다(신고관청이니까 십일 이내).

2 감경 또는 면제(감면) ⇨ 위반자가 자진신고를 했을 때만 문제됨

① 조사 전에 자진신고한 자: 과태료를 면제한다.

② 조사가 시작된 후 자진신고한 자: 과태료의 100분의 50을 감경한다(100분의 30×).

③ 자진신고를 해도 감면을 안 해주는 경우: '외의 자료'와 '삼천만원 이하의 과태료'는 감면×(외삼촌은 감면×)

> **┃ 주의 ┃**
>
> 「국세기본법」, 「지방세법」 등 세법 위반자는 감면×, 최근 1년 이내 3회 이상 감면을 받은 경우(상습범)는 감면×

🔍 문제 해결 방법

> 1. 자진신고라는 말이 보이면
>   ① 조사 전에 자진신고 ⇨ 과태료 면제
>   ② 조사 후에 자진신고 ⇨ 50% 감경
>   ③ 외삼촌은 자진신고를 해도 감면대상×
> 2. 자진신고라는 말이 안 보이면
>   ① 2분의 1 범위 안에서 가중 또는 감경이 원칙
>   ② '3천만원 이하 과태료'와 '취득가액 100분의 10 이하 과태료'의 경우 5분의 1 범위 안에서 가중 또는 감경
>   **OX** 3천만원 이하의 과태료의 경우 5분의 1 범위 안에서 가중 또는 감경할 수 있다.(○)
>   3천만원 이하의 과태료를 받는 자가 자진신고를 한 경우 감경 또는 면제할 수 있다.(×)

3 부동산거래계약신고서 작성방법

① 물건별 거래가격란에는 2 이상의 부동산일 때는 각각의 부동산별 거래가격을 적는다. 그러나 총 실제 거래가격란에는 전체 거래가격(합계금액)을 적는다.

② 집합건축물은 전용면적을 적고(ㅈ － ㅈ), 그 밖의 건축물은 연면적을 적는다.

③ 외국인(한국인×)의 경우 국적을 반드시 적고, 부동산 등의 매수용도를 표시한다.

④ 거래당사자가 다수일 때 '주소란'에 지분비율을 적는다(주소란이 가장 길다~).

⑤ '법인신고서 등'란은 법인신고서, 자금조달·입주계획서, 자금조달·토지이용계획서를 신고서와 함께 제출하는지 또는 별도 제출하는지를 표시하고, 그 밖의 경우(신고사항이 아닌 경우)에는 '해당 없음'에 표시한다.

⑥ 부동산 매매계약은 부가가치세 제외한 금액으로 신고하고, 부동산 공급계약, 전매(분양권, 입주권)는 부가가치세 포함한 금액으로 신고한다.

⑦ 부동산 공급계약, 전매(분양권, 입주권)의 경우 발코니 확장 등 선택비용 및 추가지급액을 적는다. ⇨ 돈 들어간 거 다 신고한다.

⑧ '종전 부동산란'은 입주권(분양권×) 매매의 경우에만 작성한다.

⑨ 건축물인 경우에는 건축법 시행령에 따른 용도별 건축물의 종류를 적는다.

⑩ '계약의 조건 및 참고사항'란은 부동산 거래계약 내용에 계약조건이나 기한을 붙인 경우, 거래와 관련한 참고내용이 있을 경우에 적는다.

⑪ 임대주택 분양전환은 임대주택사업자(법인으로 한정)가 임대기한이 완료되어 분양전환하는 주택인 경우에 ✓ 표시한다.

⑫ '거래계약의 체결일'이란 거래당사자가 구체적으로 특정되고, 거래계약의 중요부분에 대하여 거래당사자가 합의한 날을 말한다. 이 경우 합의와 더불어 계약금의 전부 또는 일부를 지급한 경우에는 그 지급일을 거래계약의 체결일로 보되, 합의한 날이 계약금의 전부 또는 일부를 지급한 날보다 앞서는 것이 서면 등을 통해 인정되는 경우에는 합의한 날을 거래계약의 체결일로 본다.

⑬ 매수인이 국내에 주소 또는 거소가 없는 경우에는 위탁관리인의 인적사항을 적는다.

주택임대차계약의 신고

제1절 신고대상 등

1 신고대상

① 금액요건: 보증금 6천만원을 초과하거나 월차임 30만원을 초과하는 주택임대차계약을 체결한 경우(갱신하는 경우로서 보증금 및 차임의 증감 없이 기간만 연장하는 계약은 제외, 주택을 취득할 수 있는 권리를 포함)

OX 보증금 6천만원, 월차임 30만원인 주택임대차계약은 신고대상이다.(×)

② 지역요건: 특별자치시·특별자치도·시·군(광역시 및 경기도의 군으로 한정)·구(자치구)에서 주택임대차계약을 체결한 경우

⇨ ① 금액요건과 ② 지역요건을 모두 충족했을 때 신고한다.

OX 시는 경기도의 시로 한정한다.(×)
군은 광역시의 군으로 한정한다.(×)
구는 비자치구를 말한다.(×)

2 신고의무자 및 신고절차

① 임대차 계약의 체결일부터 30일 이내에 주택 소재지를 관할하는 신고관청(시장·군수 또는 구청장)에 임대차계약 당사자가 공동으로 신고하여야 한다. 다만, 임대차계약 당사자 중 일방이 국가 등인 경우에는 국가 등이 신고하여야 한다.

② 중개거래의 경우에도 임대차계약 당사자가 공동으로 신고하여야 한다. 개업공인중개사는 주택임대차 신고의무가 없다.

③ 임대차계약 당사자 중 일방이 신고를 거부하는 경우에는 단독으로 신고할 수 있다.

④ 임대차계약 당사자의 위임을 받은 사람은 임대차신고서 등(변경신고서 및 해제신고서를 포함)의 작성·제출 및 정정신청을 대행할 수 있다. 대행하는 사람은 위임한 임대차계약 당사자가 서명 또는 날인한 위임장과 신분증명서 사본을 함께 제출해야 한다.

⑤ 신고하려는 자(대행하는 사람 포함)은 신분증명서를 신고관청에 보여줘야 한다.

3 신고사항

① 임대차계약 당사자의 인적사항

② 임대차 목적물의 소재지, 종류, 임대 면적

③ 보증금 또는 차임

④ 계약 체결일 및 계약기간

⑤ 계약갱신요구권의 행사여부(계약을 갱신한 경우만)

⑥ 해당 주택임대차계약을 중개한 개업공인중개사의 사무소 명칭, 사무소 소재지, 대표자 성명, 등록번호, 전화번호 및 소속공인중개사 성명
   ⇨ 개업공인중개사 관련 사항이 신고사항○, 그러나 개업공인중개사는 신고의무×

4 신고필증의 발급 & 권한의 위임

① 신고관청은 그 신고 내용을 확인한 후 신고인에게 임대차 신고필증(이하 신고필증)을 지체 없이 발급하여야 한다.

② 신고관청(주택 소재지 시장·군수 또는 구청장)은 해당 권한의 일부를 그 지방자치단체의 조례로 정하는 바에 따라 읍·면·동장 또는 출장소장에게 위임할 수 있다.

제2절   변경 및 해제신고 등

1 변경 및 해제신고, 정정신청

① 임대차계약 당사자는 신고한 후 해당 주택임대차계약의 보증금, 차임 등 임대차 가격이 변경되거나 임대차 계약이 해제된 때에는 변경 또는 해제가 확정된 날부터 30일 이내에 해당 신고관청에 공동으로 신고하여야 한다. 다만, 임대차계약 당사자 중 일방이 국가 등인 경우에는 국가 등이 신고하여야 한다. ⇨ 변경신고·해제신고는 의무이다.

② 임대차계약 당사자는 주택임대차 신고사항 또는 주택임대차계약 변경신고의 내용이 잘못 적힌 경우에는 신고관청에 신고내용의 정정신청을 할 수 있다. ⇨ 정정신청은 의무가 아니다.

2 의제 규정

① 임차인이 주민등록법에 따라 전입신고를 하는 경우 이 법에 따른 주택임대차계약의 신고를 한 것으로 본다(전입신고하면 주택임대차신고의제).

② 임대사업자등록한 자가 신고하면 이 법에 따른 주택임대차계약의 신고를 한 것으로 본다(렌트홈에 신고하면 신고의제).

③ 부동산거래계약시스템을 통해 전자계약 체결하면 공동신고의제

④ 신고서에 단독으로 서명 또는 날인해도 임대차계약서를 첨부하면 공동신고의제

⑤ 모든 신고사항이 적혀 있는 임대차계약서를 제출하면 공동신고의제

⑥ 주택임대차계약의 신고를 하면 확정일자부여의제(임대차계약서가 제출된 경우로 한정)

3 제 재

주택임대차계약의 신고, 변경 및 해제신고를 하지 아니하거나(공동신고를 거부한 자 포함) 그 신고를 거짓으로 한 자에게는 100만원 이하의 과태료를 부과한다(주임백).

📌 거래당사자의 주택임대차신고와 부동산거래신고의 비교

구 분	개업공인중개사의 신고의무	읍·면·동장	변경 신고	해제 등 신고	정정 신청	과태료
주택임대차 신고	×	○	의무○	의무○	의무×	100만원
부동산거래 신고	○	×	의무×	의무○	의무×	500만원 부터

Chapter 03 외국인 취득특례

적용범위 등

1 적용범위

① 외국인의 판단기준

    ㉠ **한국 국적이 없는 사람** ⇨ **외국인**(but 이중국적자는 외국인×)

    ㉡ 외국정부 ⇨ 외국인, 국제기구 ⇨ 외국인

    ㉢ 외국법령에 따라 설립된 법인 ⇨ 외국인

    ㉣ 임원(이사급)의 2분의 1 이상이 외국인 ⇨ 외국인(3분의 1×)

        구성원(직원)의 2분의 1 이상이 외국인 ⇨ 외국인

    ㉤ 자본금의 2분의 1 이상이 외국자본 ⇨ 외국인

        OX 임원 전원이 한국 사람인데, 구성원 중 2분의 1 이상이 외국인인 법인은 외국인에 해당한다.(○)

        임원과 구성원 전원이 한국 사람인데, 자본금 2분의 1 이상을 외국인이 소유한 법인은 외국인 에 해당한다.(○)

② 외국인이 부동산 등(토지, 건물, 분양권, 입주권)의 <u>소유권을 취득하는 경우만 적용된다</u>(지상권×, 임차권×, 저당권×, 부동산의 처분×).

2 **계약**(부동산거래신고대상인 계약은 제외) ⇨ **교환** ○, **증여** ○, **매매계약** ×, **공급계약** ×

계약체결일(취득한 날×)부터 60일 이내에 신고관청에게 신고하여야 한다. ⇨ 위반시 300만원 이하의 과태료(벌금형×)

> **기억하기**
>
>
>
> M60 기관총 : 300만원
>
> 람보는 외국인이다.
> 람보가 사용하는 총이 M60이다.
> M60의 가격은 300만원이다.

☝ 외국인과 한국인의 비교

> ① 외국인이 매매계약·공급계약을 체결한 경우 : 30일 이내에 부동산 거래신고
>   외국인이 교환계약·증여계약을 체결한 경우 : 60일 이내에 외국인 취득특례상 신고
> ② 한국인이 매매계약·공급계약을 체결한 경우 : 30일 이내에 부동산 거래신고
>   한국인이 교환계약·증여계약을 체결한 경우 : 신고하지 않는다.

---

③ 계약 외 ⇨ 경매, 상속, 판결, 합병, 환매권 행사, 건축물의 신축증축개축재축

소유권을 취득한 날부터 **6개월** 이내에 신고관청에게 신고하여야 한다. ⇨ 위반시 **100만원** 이하의 과태료(벌금형✕)

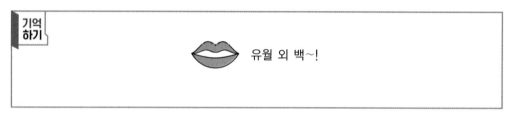

---

④ 계속보유신고

한국 사람이 외국인으로 변경된 후에도 계속 보유하고 싶다면 변경된 날(= 한국국적이 상실된 날)부터 **6개월** 이내 신고관청에게 신고하여야 한다. ⇨ 위반시 **100만원** 이하의 과태료 (벌금형✕)

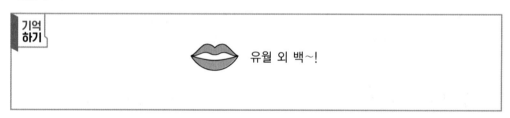

제2절 외국인의 취득허가 등

① 사전허가 ⇨ 이 경우는 토지만 적용대상

> ① 허가대상지역(예 야생생물특별보호구역, 생태경관보전지역, 문화유산보호구역, 자연유산·천연기념물보호지역, 군사기지 및 군사시설보호구역, 야생보호군) 안의 토지를 계약으로 취득 : 계약을 체결하기 전에 신고관청의 허가를 받아야 한다(사전 허가). ⇨ 위반시 2년 − 2천, 허가받지 않은 계약은 확정적 무효이다.

② 외국인이 토지거래허가를 받았다면 외국인 취득특례상 허가는 불필요하다(허가를 두 번 받는 거 아니다. 외국인 괴롭히는 거 아니다).

③ 허가 또는 불허가처분의 처리기간

    ㉠ 야생보호는 15일 이내(연장 규정×)

    ㉡ 군사기지 및 군사시설보호구역은 30일 이내(단, 부득이한 사유가 있는 경우 30일의 범위 안에서 그 기간을 연장할 수 있다.)

④ 목적 달성에 지장을 주지 않으면 허가를 해줘야 한다.

2 보고와 제출

① 부동산 거래신고 : 신고내용의 조사결과를 신고관청이 시·도지사에게 보고해야 하고, 시·도지사는 매월 1회 국토교통부장관에게 보고해야 한다(직접 보고×).

② 외국인 취득특례 : 신고 및 허가내용을 매 분기 종료일부터 1개월 이내에 신고관청이 시·도지사에게 제출해야 하고, 시·도지사는 제출을 받은 날부터 1개월 이내에 국토교통부장관에게 제출해야 한다(직접 제출×). 그러나 특별자치시장은 매 분기 종료일부터 1개월 이내에 국토교통부장관에게 직접 제출해야 한다(특 - 특).

Chapter 04

토지거래허가제도

제1절 **지정절차 및 허가절차**

1 토지거래허가구역의 지정절차

(1) 지정권자

① 허가구역이 둘 이상의 시·두의 관할구역에 걸쳐 있는 경우 : 국토교통부장관이 지정한다.

> **OX** 해당 시·도지사가 공동으로 지정한다.(×)

② 허가구역이 동일한 시·도 안의 일부지역인 경우 : 시·도지사가 지정한다. 다만, 국가가 시행하는 개발사업 때문에 투기가 되면 국토교통부장관이 지정할 수 있다.

③ 국토교통부장관 또는 시·도지사는 5년 이내의 기간을 정하여 토지거래허가구역을 지정할 수 있다.

> **OX** 7년으로 토지거래허가구역을 지정할 수 있다.(×)

> **🔖 허가구역으로 지정될 수 있는 지역**

> | 계획짜고, 개발하여(행위제한의 완화) 투기우려지역 |
> | --- |

④ 국토교통부장관 또는 시·도지사는 허가대상자(외국인 등을 포함), 허가대상 용도와 지목 등을 특정하여 허가구역을 지정할 수 있다.

> **예** 법인(기획부동산)이 임야를 구입하는 경우만 허가를 받도록 허가구역을 지정할 수 있다. 외국인이 주택이 포함된 토지를 구입하는 경우만 허가를 받도록 지정할 수 있다.

(2) 도시계획위원회의 심의 ⇨ 반드시 거친다.

① 재지정시에도 심의는 거친다. 단, 재지정시 심의 전에 시·도지사가 시장·군수 또는 구청장의 의견을 들어야 한다(국토교통부장관이 재지정하는 경우 시·도지사 및 시장·군수 또는 구청장의 의견청취).

② 축소·해제시에도 심의는 거친다(지정사유가 없어졌다고 인정되면 축소·해제하여야 한다. ⇨ 축소·해제는 의무 규정).

> **OX** 지정사유가 없어졌다고 인정되면 해제할 수 있다.(×)

(3) 지정절차

① 국토교통부장관은 공고 내용을 시·도지사를 거쳐 시장·군수 또는 구청장에게 통지하고, 시·도지사는 국토교통부장관, 시장·군수 또는 구청장에게 통지하여야 한다(시·도지사는 위~아래~위위~아래~).

② 통지를 받은 시장·군수 또는 구청장은 지체 없이 그 공고 내용을 그 허가구역을 관할하는 등기소의 장에게 통지하여야 하며, 지체 없이 그 사실을 7일 이상 공고하고, 그 공고 내용을 15일간 일반이 열람할 수 있도록 하여야 한다(7공주 15일간 열받어~).
   OX 시·도지사는 공고 내용을 관할 등기소장에게 통지하여야 한다.(×)

③ 허가구역의 지정에 대해서 이의신청을 할 수 없다(허가 또는 불허가처분에 대해서 이의신청 가능).

(4) 효력발생

① 허가구역의 지정을 공고한 날부터 5일 후에 그 효력이 발생한다(공오~).
   OX 허가구역의 지정을 공고한 날부터 7일 후에 그 효력이 발생한다.(×)

② 그러나 축소·해제·재지정의 경우에 공고 즉시 효력이 발생한다.

2 토지거래허가절차

(1) 허가권자(허가관청)

토지 소재지를 관할하는 시장·군수 또는 구청장(국토교통부장관×, 시·도지사×)

(2) 허가대상권리

① 토지에 관한 유상의 계약(예약도 포함 ⇨ 따라서 가등기도 포함)
   건물×, 무상의 계약×, 증여×, 사용대차×

② 소유권○, 지상권○, 저당권×

③ 부담부 증여○, 대물변제○, 판결○

(3) 허가절차 ⇨ 개업공인중개사는 허가신청 의무×

① 사전허가, 공동신청

② 허가신청서에 계약내용과 그 토지의 이용계획, 취득자금 조달계획 등을 적어 제출하여야 한다. 즉, 토지거래허가신청을 할 때 자금조달계획서와 토지이용계획서를 제출하여야 한다. 따라서 부동산 거래신고를 할 때 자금조달·토지이용계획서를 제출하지 않는다(토지거래허가신청시 이미 제출했기 때문에).

③ 허가 또는 불허가처분의 처리기간: 시장·군수 또는 구청장은 처리기간(15일 이내)에 허가 또는 불허가의 처분을 하여야 한다. 다만, 선매협의 절차가 진행 중인 경우에는 위의 기간 내에 그 사실을 신청인에게 알려야 한다.

④ 미처리(공무원이 멍 때림)시 그 기간이 **끝난 날의 다음 날에**(끝난 날에×) 허가가 의제된다.

⑤ 이의신청: 허가 또는 불허가처분에 대해서 그 처분을 받은 날부터 **1개월** 이내에 이의를 신청할 수 있다. ⇨ 조건부 허가나 변경허가가 나올 수 있기 때문에 허가처분에 대해서도 이의신청이 가능하다.

⑷ **허가규정의 배제**(허가면제)

① 경매(국세체납처분)와 토지수용은 허가규정이 적용되지 않는다(경매허면유~).

② 투기와 상관없으면 허가규정이 적용되지 않는다. **예** 공익사업, 국유재산의 경쟁입찰, 한국농어촌공사

③ 외국인이 토지취득허가를 받은 경우 허가규정은 적용되지 않는다(외국인이 허가 두 번×).

⑸ **인가·허가의 의제**

① 토지거래허가를 받은 경우 농지취득자격증명을 받은 것으로 본다.

② 토지거래허가증을 발급받은 경우 검인을 받은 것으로 본다.

③ 토지거래허가를 받았더라도 부동산 거래신고를 해야 한다.

⑹ **허가 기준 면적**

① 기준 면적 이하는 허가가 불필요하다(10%~300% 범위 내에서 달리 정할 수 있다).

구 분		기준 면적
도시지역 안	주거지역	60m² 이하
	상업지역	150m² 이하
	공업지역	150m² 이하
	녹지지역	200m² 이하
	미지정 구역	60m² 이하
도시지역 밖	기 타	250m² 이하
	농 지	500m² 이하
	임 야	1,000m² 이하

주미 60~   상공 150~   녹지 200~

② 토지거래계약을 체결한 날부터 1년 이내에 일단의 토지 일부에 대하여 토지거래계약을 체결한 경우에는 그 일단의 토지 전체에 대한 거래로 본다.
   예 주거지역에서 A필지(50m²), B필지(50m²)가 있다. A를 먼저 매매한 후, 1년 이내 다시 B를 매매하려는 경우 B에 대해서는 허가를 받아야 한다(50m² + 50m² = 100m²).

③ 허가구역 지정 당시 기준 면적을 초과하는 토지가 허가구역 지정 후 분할되어 기준 면적 이하가 된 경우 분할 후 최초의 토지거래계약(공유지분 거래를 포함)은 기준 면적을 초과하는 것으로 본다.
   예 주거지역에서 100m²의 토지가 허가구역 지정 후 50m², 50m²로 분할된 경우 50m²를 처음 매매하려는 경우에 허가를 받아야 한다.

(7) 제 재

① 토지거래허가를 받지 않거나 부정한 방법으로 허가를 받은 경우 2년 이하의 징역 또는 토지가격의 100분의 30에 해당하는 금액 이하의 벌금에 처한다. 그러나 외국인 취득특례상 허가를 받지 않거나 부정한 방법으로 허가를 받은 경우 2년 이하의 징역 또는 2천만원 이하의 벌금에 처한다.

② 토지거래허가를 받지 않고 체결한 계약은 유동적 무효이다. 그러나 외국인 취득특례상 허가를 받지 않고 체결한 계약은 확정적 무효이다.

③ 국토교통부장관, 시·도지사, 시장·군수 또는 구청장은 부정한 방법으로 토지거래허가를 받거나 허가받은 목적대로 이용하지 않은 경우 토지거래허가를 취소할 수 있다.
   OX 토지거래허가를 취소하고자 하는 경우 청문을 실시하여야 한다.(○)

제2절 **이행강제금 등**

---

1 **이행강제금**

(1) 토지이용에 관한 의무

이용의무기간 내에 그 토지를 허가받은 목적대로 이용하여야 한다. 그러나 계획의 변경, 해외이주, 군복무, 자연재해 등의 경우 허가받은 목적대로 이용하지 않아도 된다.

⋒ 이용의무기간

> 원칙: 2년(이용의무기간이니까)
> 사업 시행: 4년
> 현상보존: 5년

(2) 이행강제금

① 이행명령: 시장·군수 또는 구청장은 토지의 이용 의무를 이행하지 아니한 자에 대하여는 토지의 이용 의무를 이행하도록 명할 수 있다(이용의무의 이행명령은 3개월 이내의 기간을 정하여 문서로 한다). ⇨ 구두로 이행명령×, 농지법상 이행강제금이 부과된 경우 별도의 이행명령×

> **┃ 주의 ┃**
>
> 이행강제금 부과순서: 이용의무를 이행하지 아니함 ⇨ 이행명령 ⇨ 불이행 ⇨ 이행강제금 부과
> (이행명령없이 곧바로 이행강제금 부과×)

② 부과범위: 시장·군수 또는 구청장은 이행명령이 이행되지 않으면 토지 취득가액의 100분의 10의 범위에서 이행강제금을 부과한다(과태료 부과×).

⋒ 이행강제금

> 방치: 10%
> 임대: 7%
> 승인을 받지 않고 목적을 변경하여 이용(오용): 5%
> 기타: 7%

③ 부과횟수: 최초의 이행명령이 있었던 날(최초 의무위반이 있었던 날×)을 기준으로 하여 1년에 한 번씩 그 이행명령이 이행될 때까지 반복하여 이행강제금을 부과·징수할 수 있다.

④ 부과정지: 이용의무기간이 지난 후에는 이행강제금을 부과할 수 없다.

⑤ 중지·징수: 이행명령을 이행하는 경우에는 새로운 이행강제금의 부과를 즉시 중지하되, 명령을 이행하기 전에 이미 부과된 이행강제금은 징수하여야 한다.
OX 이미 부과된 이행강제금도 징수해서는 안 된다.(×)

⑥ 이의제기: 이행강제금 부과처분을 받은 자가 이의를 제기하려는 경우에는 부과처분의 고지를 받은 날부터 30일 이내에 이의를 제기하여야 한다(30일≠1개월).

🔔 1개월이 아닌 것

1. 허가 또는 불허가 처리기간 15일 이내
2. 선매협의 시작 15일 이내
3. 이행명령의 이행기간은 3개월 이내
4. 이행강제금 부과에 대한 이의제기 30일 이내
   ⇨ 이렇게 네 가지를 제외하고 나머지는 1개월 이내

2 선매와 매수청구

구 분	선 매	매수청구
의 의	시장·군수 또는 구청장이 지정하는 자 (선매자)가 토지소유자와 협의하여 매수 ⇨ 협의가 불발되면 지체 없이 허가 또는 불허가처분(무조건 불허가처분×) ■ 선매대상 토지 1. 공익사업용 토지 2. 허가 받은 목적대로 이용하지 않은 토지 ■ 선매에서 기한 선매협의 시작은 지정통지를 받은 날부터 15일 이내 선매협의 완료는 지정통지를 받은 날부터 1개월 이내 선매자 지정통지는 1개월 이내 선매협의조서의 제출은 1개월 이내	불허가처분의 통지를 받은 날부터 1개월 이내에 시장·군수 또는 구청장에게 해당 토지의 매수 청구 ⇨ 시장·군수 또는 구청장이 지정하는 자(매수자)가 예산의 범위 안에서 매수(매수청구권을 행사하면 무조건 매매계약 체결×)
시 기	토지거래계약의 허가신청시	토지거래허가의 불허가처분시 (니가 불허가 했으니 니가 사라)
가 격	원칙: 감정가격(선감~ 매공시~♪)	원칙: 공시지가
	예외: 허가신청서에 기재된 금액이 감정가격(공시지가)보다 낮은 경우에는 신청서에 적힌 금액으로 할 수 있다.	
선매자 또는 매수자	한국은행, 항만공사, 지방공사, 민간기업은 매수자 또는 선매자가 될 수 없다. (4글자는 死!)	

3 유동적 무효

(1) 의 의

토지거래허가구역 내에서 허가를 받지 아니하고 토지거래계약(토지매매계약)을 체결한 경우 무효이다. 무효이지만 허가를 받으면 소급해서 유효가 되는 것을 유동적 무효라 한다.

(2) 채권적 효력 無

① 유동적 무효상태에서는 물권적 효력뿐만 아니라 채권적 효력도 없기 때문에 채권을 행사할 수 없다. 매수인의 소유권이전등기청구권도 채권이기에 행사할 수 없다. 매도인의 매매대금청구권도 채권이기에 행사할 수 없다. ⇨ 채무불이행책임도 성립하지 않는다.

② 유동적 무효상태에서는 허가받는 것을 조건으로 소유권이전등기청구권도 행사할 수 없다.

③ 유동적 무효상태에서 사기·강박을 이유로 의사표시를 취소할 수 있다.

④ 유동적 무효상태에서 해약금 해제는 가능하다.

⑤ 확정적 무효가 되기 전까지는 계약금을 부당이득으로 반환청구할 수 없다.

⑥ 토지거래허가구역 내에서 중간생략등기는 실체권리관계에 부합하더라도 무효이다.

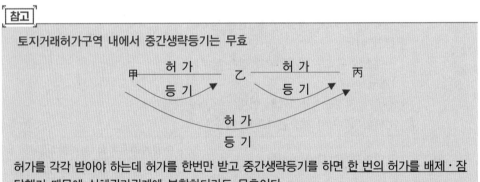

> **참고**
>
> 토지거래허가구역 내에서 중간생략등기는 무효
>
> 甲 ──허 가── 乙 ──허 가── 丙
>   ──등 기──▶   ──등 기──▶
>   ────허 가────
>   ────등 기────
>
> 허가를 각각 받아야 하는데 허가를 한번만 받고 중간생략등기를 하면 <u>한 번의 허가를 배제·잠탈했기 때문에</u> 실체권리권계에 부합하더라도 무효이다.

(3) 허가신청 협력의무 有

① 허가신청에 협력해야 하는 의무는 있다. 협력의무의 이행을 소(訴)로서 구할 수 있다.

② 협력의무 위반에 대해서 손해배상청구는 가능하다(협력의무 위반에 대한 손해배상의 예정도 가능하다).

③ 협력의무 불이행을 이유로 계약해제는 불가능하다(협력의무는 부수적인 의무이기 때문에).

> **주의**
> ① 채무불이행을 이유로 계약해제×, 채무불이행을 이유로 손해배상청구×
> ② 협력의무 위반을 이유로 계약해제×, 협력의무 위반을 이유로 손해배상청구○

⑷ 확정적 무효 또는 확정적 유효

① 확정적 무효 : 불허가처분이 난 경우, 허가를 배제·잠탈하는 계약을 체결한 경우, 쌍방이 허가신청을 하지 않기로 하는 의사를 명백히 표시한 경우

② 확정적 유효 : 허가처분이 난 경우, 허가구역 지정이 해제된 경우(지정기간이 만료되었으나 재지정이 없는 경우)

중개실무

Chapter 01 중개대상물 조사 및 확인

제1절 분묘기지권과 장사 등에 관한 법률

1 분묘기지권이란?

① 분묘란 '묘지'를 말한다. 묘지는 시신이 안장되어 있어야 한다(가묘, 장래의 묘소는 분묘기지권 인정×).

② 분묘기지권은 남의 땅에 자신의 조상 묘를 계속해서 둘 수 있는 권리이다. 분묘기지권은 등기부로 확인이 불가능하다. 그러나 봉분은 필요하다(평장, 암장은 분묘기지권 인정×).

③ 분묘기지권은 중개대상권리가 아니다(귀신 나온다).

④ 분묘기지권은 지상권과 유사한 물권이다(채권×).

2 분묘기지권의 취득원인과 지료의 지급

① 토지소유자의 승낙을 얻어서 분묘를 설치한 경우(지료의 지급은 약정에 따른다. 지료지급의 약정은 분묘기지의 승계인에게도 미친다.)

② 시효취득한 경우(토지소유자가 지료를 청구한 날부터 지료를 지급해야 한다).

③ 분묘에 대한 철거·이장특약 없이 토지를 양도한 경우(분묘기지권이 성립한 때부터 지료를 지급해야 한다.)

> **참고**
>
> 분묘가 있는 토지 매매계약의 중개시 개업공인중개사가 하는 일
>
>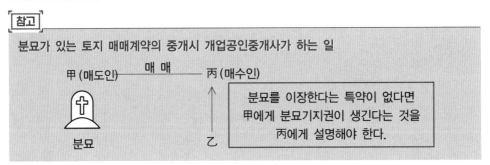

③ 분묘기지권의 범위

① 지역적 범위 : 분묘기지 및 그 주위 공지에도 미친다(합장×, 쌍분×, 원칙적으로 이장×. but 예외적으로 분묘가 집단적으로 설치된 경우 분묘기지권의 효력이 미치는 범위 안에서 이장은 가능).

② 주관적 범위(분묘기지권자) : 제사를 주재하는 자[장남 ⇨ 장남의 아들(장손자) ⇨ 아들이 없는 경우 장녀, 종중묘지에서는 종손, 예외적으로 종중]

③ 시간적 범위 : 약정이 없다면 분묘가 존속하여 봉제사를 계속하는 한 존속한다.
> **OX** 분묘기지권의 존속기간은 지상권의 존속기간에 대한 규정이 유추적용되어 30년으로 인정된다.(×)

④ 분묘가 멸실하면 소멸한다. 그러나 일시적인 멸실이라면 소멸하지 않는다.

⑤ 분묘기지권의 포기는 의사표시로 한다(반드시 점유까지 포기해야만 하는 것은 아니다).

④ 장사 등에 관한 법률(장사법)

① 2001년 1월 13일 이후(장사법 시행 이후) 타인 토지에 승낙 없이 설치된 묘지는 분묘기지권을 시효취득하지 못한다. ⇨ 타인의 토지에 승낙없이 분묘를 설치한 자는 토지사용권 기타 분묘의 보존을 위한 권리를 주장할 수 없다(걸리면 **뺀다**).

🔺 사설묘지

구 분	개인묘지	가족묘지	종중·문중묘지	법인묘지
신고 또는 허가	사후신고	사전허가		
전체면적	30m² 이하	100m² 이하	1000m² 이하	10만m² 이상
분묘 1기의 면적		10m² 이하(합장시 15m² 이하) **OX** 합장시 20m²(×) 부부끼리니까 love forever		

> **주의**
> ① 분묘기지권 ≠ 장사 등에 관한 법률
> ② 1기의 분묘도 개인묘지이고, 같은 구역에 해당 분묘 + 배우자 관계였던 자의 분묘 = 개인묘지이다.

② 법인 등(법인, 종교단체) 자연장지는 사전허가를 받아야 한다.
그러나 가족·종중·문중자연장지는 사전신고이고, 개인자연장지는 사후신고이다.

③ 법인묘지에는 폭 5m 이상의 도로와 그 도로부터 각 분묘로 통하는 충분한 진출입로를 설치하고, 주차장을 마련하여야 한다(다른 묘지는 도로·주차장 요건이 없다).

④ 「민법」에 따라 설립된 재단법인에 한정하여 법인묘지의 설치·관리를 허가할 수 있다 (사단법인×).

⑤ 분묘의 설치기간은 30년으로 한다. 1회에 한하여 30년 연장 가능하다(total 60년). 합장시 합장된 날을 기준으로 산정한다(오늘부터 1일).

⑥ 설치기간이 끝난 날부터 1년 이내 분묘를 철거해야 한다(2년×).

⑦ 분묘의 형태 : 봉분, 평분, 평장 ⇨ 분묘의 형태는 모든 묘지에서 동일

⑧ 분묘의 높이 제한 : 봉분은 1m 이하, 평분은 50cm 이하 ⇨ 높이 제한은 모든 묘지에서 동일

⑨ 시신을 매장한 자는 30일 이내에 신고해야 한다(but 화장은 사전신고).

　　OX 법인묘지에 시신을 매장한 자는 30일 이내에 신고해야 한다.(○)

⑩ 그냥 매장 ⇨ 지면으로부터 1m 이상 깊이

　　화장 후 매장 ⇨ 지면으로부터 30cm 이상 깊이

🎏 사설묘지의 설치장소

개인묘지, 가족묘지	종중·문중묘지, 법인묘지
도로, 철도의 선로, 하천구역(예정지역)으로부터 200m 이상 떨어진 곳	도로, 철도의 선로, 하천구역(예정지역)으로부터 300m 이상 떨어진 곳
20호 이상의 인가밀집지역, 학교 그 밖에 공중이 수시로 집합하는 시설(장소)로부터 300m 이상 떨어진 곳	20호 이상의 인가밀집지역, 학교 그 밖에 공중이 수시로 집합하는 시설(장소)로부터 500m 이상 떨어진 곳

제2절 **법정지상권과 농지법**

1 **민법 제366조의 법정지상권**

① 저당권 설정시 토지와 건물(건축 중, 미등기, 무허가)이 동일인 소유 ⇨ 저당권 실행으로 소유자가 달라지면 법정지상권 성립○

그러나 공동저당 + 신축 ⇨ 법정지상권 성립×

　　공동저당 ⇨ 법정지상권 성립○

　　신축 ⇨ 법정지상권 성립○(구 건물 기준)

② 저당권 설정시 토지와 건물이 동일인 소유가 아닌 경우 ⇨ 법정지상권 성립×

> **예** 토지와 건물을 함께 매수한 후 토지에 대해서만 소유권이전등기를 마친 후 토지에 저당권을 설정한 경우 ⇨ 저당권이 실행되더라도 법정지상권 성립×

③ 저당권 설정시 건물이 없었다면(나대지) ⇨ 법정지상권 성립×

> **│ 주의 │**
>
> 관습법상 법정지상권은 '매매 등의 원인', '임의규정'이라는 것이 차이점이다.

2 농지법

(1) 취득자격증명의 발급장소

① 농지의 소재지를 관할하는 시장·구청장·읍장 또는 면장(군수×)으로부터 농지취득자격증명을 발급받아야 한다.

② 신청을 받은 날부터 7일 이내 발급하여야 한다(농업경영계획서를 작성하지 않으면 4일 이내 발급, 농지위원회 심의 대상의 경우에는 14일 이내 발급).

③ 농지취득자격증명의 발급은 농지 매매계약의 효력발생요건이 아니다(그러나 소유권이전등기를 할 때 필요한 서류이다).

(2) 농지취득자격증명의 발급이 필요한 경우

① 국가 또는 지방자치단체가 농지를 취득하는 경우 농지취득자격증명의 발급이 면제된다. 그러나 국가로부터 농지를 취득하는 경우 농지취득자격증명을 발급받아야 한다.

② 상속에 의하여 농지를 취득하는 경우 농지취득자격증명의 발급이 면제된다. 그러나 상속된 농지를 취득하는 경우 농지취득자격증명을 발급받아야 한다.

③ 경매로 농지를 취득하는 경우 농지취득자격증명을 발급받아야 한다(낙찰받고 매각결정기일까지).

> **OX** 농지취득자격증명을 매수신청시에 제출해야 한다.(×)

④ 주말·체험영농 목적으로 농지를 취득하는 경우 농지취득자격증명을 발급받아야 한다. 주말·체험영농계획서도 작성해야 한다.

⑤ 농지전용허가 또는 농지전용신고의 경우 농지취득자격증명을 발급받아야 한다(국민이 허가받고 국민이 신고한 거니까). 그러나 농지전용협의를 완료한 농지는 농지취득자격증명의 발급이 면제된다(국가기관끼리 협의한 거니까).

⑶ 농지의 소유상한 ⇨ 농업인이 아닌 경우

① 상속 : 총 1만㎡까지만 소유

그러나 농업을 경영하는 상속인은 전부 상속

② 8년 이상 농업경영 후 이농 : 총 1만㎡까지만 소유

(농사짓는 거 힘들어~8자 주름생긴다~8년)

③ 주말·체험영농 : 1천㎡ 미만(세대원 전부가 소유하는 총면적)

OX 세대원 각각 1천㎡ 미만(×)

④ 농업진흥지역 내에서 주말·체험영농 목적으로 농지를 취득할 수 없다.

⑤ 농지 소유자는 농지 처분사유가 발생한 농지에 대해서 그 사유가 발생한 날부터 1년 이내에 해당 농지를 처분하여야 한다. 농지 소유자가 해당 농지를 1년 이내에 처분하지 아니한 경우 시장·군수 또는 구청장은 농지 소유자에게 6개월 이내에 그 농지를 처분할 것을 명할 수 있다.(일처리 육개명) ⇨ 처분명령을 이행하지 않으면 이행강제금을 부과한다.

⑷ 농지 임대차 ⇨ 농지에 전세권 설정×

① 임대차계약은 서면계약을 원칙으로 한다.

② 임대차 기간은 3년 이상으로 하여야 한다. 그러나 다년생 식물(5글자) 재배지 등은 5년 이상으로 하여야 한다.

임차인은 기간 짧은 것의 유효함을 주장할 수 있다.

임대인은 부득이한 경우(예 징집) 기간을 짧게 할 수 있다.

③ 농지의 인도 + 시·구·읍·면의 장의 확인 ⇨ 다음 날부터 대항력이 발생한다.

④ 양수인은 임대인의 지위를 승계한 것으로 본다.

⑤ 임대인이 기간이 끝나기 3개월 전까지 갱신거절의 통지를 하지 아니한 경우 묵시적 갱신이 된다.

⑥ 임대차계약의 당사자는 임대차 기간, 임차료 등 임대차계약에 관하여 서로 협의가 이루어지지 아니한 경우에는 농지소재지를 관할하는 시장·군수 또는 자치구 구청장에게 조정을 신청할 수 있다.

OX 조정위원회에 조정을 신청할 수 있다.(×)

제3절 중개대상물확인·설명서 작성방법과 전자계약

1 주거용 건축물 확인·설명서 작성방법

┌─ 기본확인사항 : 세부확인사항이 아니면 기본확인사항이라고 생각하자!
│ ⇨ 자료 요구✕ 개업공인중개사가 확인하여 적는다.
├─ 세부확인사항 : 실제권리관계 또는 공시되지 않은 물건의 권리사항, 내·외부 시설물의 상태,
│ 벽면·바닥면 및 도배의 상태, 환경조건, 현장안내 ⇨ 현장안내를 제외한 세부확인사항에
│ 대하여 자료를 요구하여 확인한 사항을 적는다.
└─ 중개보수 등에 관한 사항 : 중개보수, 실비, 계, 지급시기

① 단독주택, 공동주택, 주거용 오피스텔로 구분되어 있다.

② 확인·설명의 근거자료에 확정일자 부여현황, 전입세대확인서, 국세납세증명서, 지방세납세증명서가 포함된다.

③ 토지에서 지목은 실제 이용상태도 적는다. 건축물에서 용도는 실제 용도도 적는다.
   ⇨ 실제 이용상태와 실제 용도는 현장답사를 하여 확인하여 적는다.

④ 방향은 주택의 경우 안방 또는 거실, 그 밖의 건축물은 주된 출입구 기준으로 적는다.
   방향의 기준이 명확하지 않은 경우에도 본인이 정하여 명시해야 한다(**메** 거실 앞 발코니 기준 – 남향).

⑤ 권리관계에 등기부 기재사항만 적는다.
   OX 유치권은 확인·설명사항에 해당한다.(○)
   OX 유치권을 확인·설명서의 권리관계에 적는다.(✕)
   OX 유치권을 확인·설명서의 실제 권리관계에 적는다.(○)

⑥ '임대차 확인사항'에는 확정일자 부여현황 정보, 국세 및 지방세 체납 정보, 전입세대확인서 제출, 최우선변제금, 민간임대 등록 여부, 계약갱신요구권 행사 여부를 적는다.
   부.체.전.최를 변제하지 않으면 등.신! ⇨ 개업공인중개사가 임대인 및 임차인에게 설명하였음을 확인하고, 임대인과 임차인의 서명 또는 날인을 받아야 한다.

⑦ 민간임대 등록여부는 임대주택정보체계(**메** 렌트홈)에 접속하여 확인하거나 임대인에게 확인하여 적는다. 민간임대 등록을 한 주택임대사업자는 임대보증금 보증에 가입해야 한다.

⑧ 계약갱신요구권 행사여부는 임차인이 있는 경우 매도인(임대인)으로부터 계약갱신요구권 행사여부를 확인할 수 있는 서류를 받으면 확인에 체크하여 해당서류를 첨부하고, 서류를 받지 못한 경우에는 미확인에 체크하며, 임차인이 없는 경우에는 해당없음에 체크한다.

OX 임차인의 계약갱신 요구 이후에 임차주택을 양수하여 임대인의 지위를 승계한 자가 목적 주택에 실제 거주하려고 한다는 사유를 들어 임차인의 계약갱신 요구를 거절할 수 있다.(○)

⑨ 건폐율 상한과 용적률 상한은 시 · 군 조례에 따라 적는다(토지이용계획확인서×).

　　OX 건폐율 상한과 용적률 상한은 시 · 도 조례에 따라 적는다.(×)

⑩ 지구단위계획구역, 도시 · 군계획시설, 그 밖의 도시 · 군관리계획은 개업공인중개사가 확인하여 적는다(토지이용계획확인서×).

⑪ 임대차에서 '공시지가'와 '공법상 이용제한 및 거래규제'는 기재를 생략할 수 있다.

⑫ 임대차에서 취득시 부담하여야 할 조세의 종류 및 세율은 기재를 제외한다.

⑬ 거래예정금액은 중개완성 전 거래예정금액을 적는다(중개완성시 거래금액×).

　　⇨ 확인 · 설명서 작성방법에서는 무조건 중개완성 전이고, 거래예정금액이다.

　　예 개별공시지가는 중개완성 전 공시지가를 적고, 중개보수도 거래예정금액을 기준으로 산정한다.

⑭ 재산세와 종합부동산세는 6월 1일 기준 소유자가 납세의무를 부담한다.

⑮ 관리에 관한 사항에는 경비실, 관리주체, 관리비를 적는다. 관리비는 직전 1년간 월평균 관리비 등을 기초로 산출한 총 금액을 적되, 포함 비목, 부과방식을 체크한다.

　　OX 주택임대차의 중개에서 관리비를 확인 · 설명해야 한다.(○)

　　관리비를 임대차 확인사항에 적는다.(×)

　　관리비를 관리에 관한 사항에 적는다.(○)

⑯ '승강기', '소방'은 내 · 외부 시설물의 상태에 해당한다. ⇨ 자료를 요구할 수 있다.

⑰ 내부 · 외부 시설물의 상태의 난방방식에는 중앙공급, 개별공급, 지역난방이 있고, 개별공급인 경우 보일러의 "사용연한"을 적는다. ⇨ 자료를 요구할 수 있다.

　　예 사용연한이 10년이고, 출시연도가 2015년, 확인한 때가 2025년이면 사용연한은 "0"이다. 사용연한이 미표기되었으면 출시연도를 적고, 출시연도를 확인할 수 없으면 확인불가에 체크한다.

⑱ 소방에서 '단독경보형감지기'는 아파트를 제외한 주택의 경우에 적는다. 그러나 비주거용 건축물의 경우에는 비상벨과 소화전을 적는다. ⇨ 자료를 요구할 수 있다.

⑲ 환경조건: 일조량, 소음, 진동 ⇨ 자료를 요구할 수 있다.
　　입지조건: 도로와의 관계, 대중교통, 주차장, 교육시설(판매 및 의료시설×, 공원×, 대학교×)

⑳ 비선호시설의 종류 및 위치는 대상물건으로부터 1km 이내에 사회통념상 기피시설인 화장장, 납골당, 공동묘지, 쓰레기처리장, 쓰레기소각장, 분뇨처리장, 하수종말처리장 등의 시설이 있는 경우 그 시설의 종류와 위치를 적는다.

㉑ 진동은 환경조건이므로 자료를 요구할 수 있다. 그러나 내진설계적용 여부는 기본확인사항이므로 자료를 요구할 수 없다.

㉒ '현장안내'에는 현장안내자(개업공인중개사, 소속공인중개사, 중개보조원)를 체크하고, 중개보조원이 현장안내를 한 경우 신분고지 여부를 체크한다.

㉓ 중개보수에서 부가가치세는 별도이다.

> **OX** 중개보수 외에 부가가치세를 별도로 받으면 초과보수 금지행위에 해당한다.(×)

㉔ 거래당사자는 서명 또는 날인을 한다.

2 확인·설명서 기재사항의 비교

① 모든 확인·설명서의 공통 기재사항 : 세금 관련 사항(취득시 부담해야 할 조세의 종류 및 세율), 중개보수 및 실비, 거래예정금액, 물건의 표시, 권리관계, 실제권리관계

② 주거용 건축물 확인·설명서에만 있는 것 : 환경조건(집에 살면서 환경이 쾌적해야 한다.), 도배의 상태, 교육시설, 단독경보형감지기(주택용 소방시설), 가정자동화시설, 임대차 확인사항

③ 주거용 건축물 확인·설명서와 토지 확인·설명서에만 있는 것 : 비선호시설(비주거용 － 비선호시설×)

3 전자계약(부동산거래계약시스템, 공인전자문서센터)

① 매매계약을 전자계약으로 체결한 경우 부동산 거래신고가 의제된다.

② 주택임대차계약을 전자계약으로 체결한 경우 주택임대차계약의 신고가 의제되고, 확정일자가 자동으로 부여된다.

③ 전자계약을 체결하면 거래계약서와 중개대상물확인·설명서가 공인전자문서센터에 보관되므로 중개사무소에 별도로 보존하지 않아도 된다.

④ 전자계약의 장점 : 무등록 중개업 차단, 이중계약서 등 불법중개행위 근절, 거래안전 (중개사고 예방), 계약서 위조·변조 방지, 신청서류 간소화, 원스톱 서비스로 비용절감

제1절 **부동산등기특별조치법상 검인**

1 검인대상

① 검인대상인 것(소유권이전등기와 관련): 교환, 증여, 판결서, 가등기에 기한 본등기 신청

② 검인대상이 아닌 것: 가등기 신청, 저당권, 전세권, 임차권, 경매, 상속, 입목, 광업재단

2 검인기관

① 부동산 소재지 시장·군수·구청장(또는 그의 위임을 받은 읍·면·동장)에게 검인을 신청하여야 한다.

② 2개 이상의 시·군·구인 경우: 시·군·구가 2개 이상인 경우 1개의 시장·군수·구청장에게 검인신청을 할 수 있다(각각×, 모두×).

강남구청장 또는 서초구청장 어디든지 찾아가서 검인을 신청할 수 있다. 원본 1장과 사본 3장을 들고 강남구청장을 찾아 갔다. 강남구청장이 사본 1장을 보관하고, 나머지 사본들은 강남구청장이 강남구세무서장, 서초구세무서장에게 송부하여야 한다.

3 검인신청자

① 계약을 체결한 당사자 중 1인이나 그의 위임을 받은 자가 검인을 신청할 수 있다.

② 개업공인중개사는 검인신청을 할 수는 있지만 검인신청의무는 없다.

> **OX** 중개의뢰인이 요청한 경우 개업공인중개사는 검인을 신청하여야 한다.(×)

③ 검인을 신청할 때 원본 1장과 사본 2장을 제출하여야 한다. '부동산 소재지 숫자 + 1통'의 사본 수를 제출한다. **예** '구'가 두 군데라면 사본은 3장

4 검인계약서의 필수적 기재사항

검인계약서 필수적 기재사항이 아닌 것: 물건인도 일시×, 권리이전 내용×, 중개대상물 확인·설명서 교부일자×, 그 밖의 약정내용× ⇨ '인권서약'은 부동산거래신고사항도 아니고 검인계약서 필수적 기재사항도 아니다.

> **│주의│**
> 검인을 대체해서 부동산 거래신고가 등장했기 때문에 검인계약서 필수적 기재사항은 부동산거래신고사항과 같다고 생각하자.

5 검인의제

부동산 거래신고를 하면 검인이 의제되고, 토지거래허가를 받으면 검인이 의제된다.

6 형식적 심사

검인기관은 형식적 요건의 구비여부만을 확인한다(실질적 심사×). 등기도 형식적 심사를 하니까 등기 전에 하는 검인도 형식적 심사를 하는 것이다.

제2절 부동산실명법

1 효 력

> **│주의│**
> ① 적용 제외: 양도담보(가등기담보), 상호명의신탁, 신탁등기는 부동산실명법상 명의신탁약정에서 제외한다. ⇨ 부동산실명법이 아닌 다른 법이 적용되니까 유효이다.
> ② 특례: 종중, 배우자, 종교단체 간의 탈법적인 목적이 없는 명의신탁은 유효이다.

① 중개실무에서는 친구 간의 명의신탁을 전제로 학습한다. 따라서 명의신탁약정은 무효, 명의신탁약정에 따른 물권변동(= 등기)도 무효이다.

② 매도인이 선의라면 물권변동(= 등기)은 유효이다. 그러나 매도인이 선의라도 명의신탁약정은 무효이다.

③ 제3자는 선악 불문하고 보호된다. 그러나 제3자가 수탁자의 배임행위에 적극 가담했다면 보호되지 않는다.

2 유형

① 2자간 명의신탁(친구 사이)

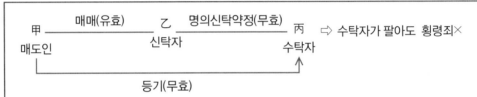

명의신탁약정(무효)
甲 ─────── 乙   ⇨ 수탁자가 팔아도 횡령죄×
신탁자   등기(무효)   수탁자

소유권이 甲에게 귀속한다. 명의신탁약정에 의하여 소유권이전등기를 해준 것은 불법원인급여가 아니다. 따라서 甲(신탁자)은 乙(수탁자)에게 소유권이전등기의 말소를 청구할 수 있다. 乙이 제3자에게 처분한 경우 제3자는 선·악 불문하고 보호가 되고, 乙(수탁자)의 처분행위는 횡령죄에 해당하지 않는다.

② 3자간 등기명의신탁 = 중간생략형 명의신탁(친구 사이)

甲 ─── 매매(유효) ─── 乙 ─── 명의신탁약정(무효) ─── 丙   ⇨ 수탁자가 팔아도 횡령죄×
매도인   신탁자   수탁자
                                ↑
└──────── 등기(무효) ────────┘

甲은 100% 악의이다. 따라서 소유권이 甲에게 귀속한다. 乙은 매수인으로서 채권자이다. 乙은 甲에게 매매계약에 기해 소유권이전등기를 청구할 수 있다. 또한 乙은 甲을 대위해서 丙에게 소유권이전등기의 말소를 청구할 수 있다. 丙이 제3자에게 처분한 경우 제3자는 선·악 불문하고 보호가 되고, 乙은 丙에게 처분대금의 부당이득의 반환을 청구할 수 있다. 丙의 처분행위는 횡령죄에 해당하지 않는다.

③ 계약명의신탁(친구 사이)

甲 ─── 매매(유효) ─── 丙 ─── 명의신탁약정(무효) ─── 乙
매도인   등기(유효)   수탁자   매수자금   신탁자
(선의)   ⇩
            수탁자가 팔아도 횡령죄×

매매계약 체결시 甲이 선의라면 丙이 소유권을 취득한다(만약 甲이 악의라면 소유권은 다시 甲에게 귀속한다). 甲이 계약체결시에 선의였다면 나중에 알았다 하더라도 甲은 선의이다. 甲이 선의든 악의든 乙은 소유권을 취득할 수 없다. 따라서 乙은 丙에게 소유권이전등기를 청구할 수 없고, 매수자금만 부당이득의 반환을 청구할 수 있다. 丙이 제3자에게 처분한 경우 제3자는 선·악 불문하고 보호가 되고, 丙의 처분행위는 횡령죄에 해당하지 않는다.

> **주의**
>
> ① 3자간 등기명의신탁에서는 수탁자가 저당권 설정(또는 임대차)을 했다면 소유자(매도인)는 진정명의회복을 원인으로 소유권이전등기를 청구할 수 있다.
> ② 계약명의신탁에서 매매가 아니라 경매라면 부동산소유자가 악의라 하더라도 낙찰받은 수탁자는 소유권을 취득한다.
> ③ 계약명의신탁에서 신탁자가 20년간 점유해도 점유취득시효가 인정되지 않는다.
> ④ 계약명의신탁에서 수탁자가 명의신탁약정 외의 적법한 원인에 의하여 신탁자 앞으로 소유권이전등기를 경료한 경우 그 등기는 유효하다.

③ 제재 ⇨ 명의신탁 자체를 처벌

① 신탁자(신탁자는 걸리면 작살난다.) : 5년 − 2억원

  ㉠ 과징금(3글자) : 신탁자에게는 부동산 가액의 100분의 30에 해당하는 금액의 범위에서 과징금

  ㉡ 1차 이행강제금 : 과징금을 부과받은 자는 과징금 부과일부터 1년이 지나도록 실명등기를 하지 않으면 부동산평가액의 100분의 10에 해당하는 금액의 이행강제금
  2차 이행강제금 : 1차 이행강제금 부과일부터 다시 1년이 지나면 부동산평가액의 100분의 20에 해당하는 금액의 이행강제금

② 수탁자 : 3년 − 1억원(과징금×, 이행강제금×)

> **주의**
>
> 이행강제금의 경우 계약명의신탁은 제외한다. ⇨ 계약명의신탁에서는 신탁자가 소유권을 취득할 수 없으므로 실명등기가 불가능하기 때문이다.

제3절 　주택임대차보호법

① 주택임대차보호법의 적용범위

① 비주거용 건물의 일부를 주거목적으로 사용하는 경우에는 적용되지 않는다. ⇨ 주택이 아니니까(but 주거용 건물이라면 일부가 주거 외의 목적으로 사용되더라도 적용된다.)

> **주의**
>
> 주거용인지 비주거용인지는 실제 이용 상태로 판단한다. 따라서 미등기·무허가 주택도 적용된다.

② 일시 사용의 임대차인 것이 명백한 때에는 적용되지 않는다. 사용대차의 경우에도 적용되지 않는다. ⇨ 보호할 필요가 없으니까

③ 가장(假裝) 임차인의 경우 적용되지 않는다. ⇨ 보호할 필요가 없으니까

④ 법인의 경우는 원칙적으로 적용되지 않는다. ⇨ 보호할 필요가 없으니까(but 토지주택공사, 지방공사, 중소기업인 법인은 적용된다.) 중소기업인 법인의 소속 '직원'의 명의로 주민등록이 되어 있지 않고, 대표이사 또는 사내이사로 등기된 사람의 명의로 주민등록이 되어 있다면 그 중소기업인 법인은 대항력을 취득하지 못하고, 계약갱신요구권도 행사할 수 없다.

⑤ 미등기 전세(채권적 전세), 외국인, 미성년자에게는 적용된다. ⇨ 보호할 필요가 있으니까

⑥ 주택의 대지도 주택에 포함된다.

2 제3자에 대한 대항력

(1) 대항력의 취득요건 및 존속요건

① 주택 인도 + 주민등록 ⇨ 다음 날부터(다음 날 0시부터)

② 전입신고를 하면 주민등록이 된 것으로 본다.

③ 대항력이 있는 임차인은 집주인이 바뀌어도 임차 주택을 계속 사용·수익할 수 있다.

④ 임차건물의 양수인은 임대인의 지위를 승계한 것으로 본다(면책적 채무인수). ⇨ 대항력이 있는 임차인은 양수인에게 보증금을 달라고 해라.

⑤ 경매나 공매시에는 순위가 중요하다. 선순위 저당권이 있으면 대항요건을 갖췄더라도 대항력이 없어 경매로 소멸한다.

```
1. 임차인(대항요건 + 확정일자)
      대항력○  우선변제권○
2. 저당권
3. 임차인(대항요건 + 확정일자)
      대항력×  우선변제권○
   ⇨ 1번 임차인은 대항력 有, 우선변제권 有
     3번 임차인은 대항력 無, 우선변제권 有
```

⑥ 저당권 설정 후 증액된 보증금은 낙찰자에게 대항할 수 없다. ⇨ 후순위 임차인처럼 취급한다.

> 1. 임차인(보증금 1억원)
> 2. 저당권(피담보채권액 5천만원)
> 3. 임차인(증액된 보증금 5천만원)
>   ⇨ 저당권 설정 후 증액된 보증금 5천만원은 1번에 붙는 것이 아니라 3번 임차인처럼 저당권 밑에 붙는다. 따라서 경매로 주택을 낙찰받은 낙찰자에게 증액된 보증금 5천만원을 달라고 할 수 없다.

⑵ 주택 인도에서 문제되는 경우

임차인이 간접 점유하는 경우(임대인의 동의를 얻어 전대차를 한 경우)에도 대항력이 있다 (단, 직접 점유자인 전차인 명의로 주민등록을 해야 함).

OX 임대인의 동의를 얻은 전대차에서 임차인이 대항력이 있던 경우에 전차인 명의로 주민등록을 하면 기존 대항력이 유지된다.(○)

⑶ 주민등록에서 문제되는 경우

① 주민등록이 잘못된 것에 임차인의 잘못이 없는 경우 대항력이 있다(전입신고가 수리된 후에는 100% 공무원 책임).

예 전입신고가 올바르게 되었고, 담당 공무원의 착오로 잘못 기재된 경우 대항력이 있다.

② 주민등록이 잘못된 것에 임차인의 잘못이 있는 경우 대항력이 없다(전입신고가 수리되기 전에는 임차인 책임도 있음).

예 전입신고가 반려된 후 임차인이 잘못 기재한 경우 대항력이 없다(전입신고가 수리가 안 되었기에 임차인도 잘못이 있다). 건축 중인 건물에 소유권보존등기가 되기 전에 일부를 임차한 후 나중에 사정변경으로 주택표시가 달라지면 대항력이 없다(임차인에게 확인하지 않은 잘못이 있다).

③ 단독주택(**예** 다가구 주택)의 경우에는 지번만 기재하는 것으로 대항력이 있다.

④ 공동주택(**예** 다세대 주택)의 경우에는 동·호수까지 정확히 기재해야 대항력이 있다.

⑤ 주민등록은 배우자, 자녀의 주민등록도 포함된다. 가족 전체가 이사를 가야 대항력이 상실된다.

OX 가족은 그대로 두고 임차인만 주민등록을 이전한 경우 대항력은 상실된다.(×)
가족 전체가 이사를 나갔다가 다시 들어오면 다음 날부터 새로운 대항력이 발생한다.(○)

⑥ 매매계약 해제로 매수인인 임대인이 소유권을 취득하지 못해도 대항력이 있다.

⇨ 임대차계약을 반드시 소유자와 체결할 필요는 없고 계약체결의 권한이 있는 자면 족하다. 그러나 최고가매수신고인은 임대차계약을 체결할 권한이 없는 자(돈을 안 냈으니까)이므로 최고가매수신고인과 임대차계약을 체결한 경우 주택임대차보호법이 적용되지 않는다.

⑦ 소유자가 임차인이 된 경우 임차인으로서 대항력은 소유권이전등기일 다음 날부터 발생한다. 그러나 전대차를 하고 있던 임차인이 소유자가 된 경우에는 소유권이전등기 즉시 전차인에게 대항력이 생긴다(기쁜 날이니까 즉시 대항력을 인정해 줘라!).

③ 확정일자에 의한 우선변제권

(1) 우선변제권 = 대항요건 + 확정일자

① 우선변제권이란 임대차계약서에 확정일자를 받은 임차인이 경매나 공매시 환가대금에서 후순위권리자나 기타 채권자보다 우선하여 보증금을 변제받을 수 있는 권리이다.

> **주의**
>
> '확정일자'란 쉽게 설명하면 주민센터에 가서 임대차계약서에 도장을 받는 것이다. 그러나 임대차계약서를 제출하면서 주택임대차계약의 신고를 하면 확정일자부여가 의제되므로 별도로 확정일자를 받지 않아도 된다.

② 대항력이 있다면 확정일자를 받은 날에 우선변제권이 발생한다. 그러나 주택의 인도와 주민등록보다 미리 확정일자를 받았더라도 우선변제권은 주택의 인도와 주민등록을 마친 다음 날을 기준으로 발생한다.

✎ 우선변제권의 발생 시기

> 1. 5월 20일 전입신고, 6월 20일 확정일자
>   ➪ 대항력은 5월 21일 0시 발생, 우선변제권은 6월 20일 발생
> 2. 5월 20일 확정일자, 6월 20일 전입신고
>   ➪ 대항력은 6월 21일 0시 발생, 우선변제권도 6월 21일 0시 발생
> 3. 6월 20일 전입신고와 확정일자
>   ➪ 대항력은 6월 21일 0시 발생, 우선변제권도 6월 21일 0시 발생

③ 전입신고, 확정일자, 저당권설정등기가 모두 같은 날짜면 저당권이 선순위이다(저당권은 그 날짜, 임차인은 다음 날 0시). 그러나 단 하루라도 임차인이 빠르면 임차인이 선순위이다.

✎ 임차인과 저당권의 우선순위

> 1. 저당권 6월 20일, 임차인의 전입신고와 확정일자 6월 20일
>   ➪ 저당권은 6월 20일, 임차인의 대항력과 우선변제권은 6월 21일 0시 ➪ 저당권이 선순위
> 2. 저당권 6월 21일, 임차인의 전입신고와 확정일자 6월 20일
>   ➪ 저당권은 6월 21일, 임차인의 대항력과 우선변제권은 6월 21일 0시 ➪ 임차인이 선순위
>   (저당권은 빨라야 오전 9시)

(2) 우선변제권에서 문제되는 것

① 확정일자를 부여받는 장소 ⇨ 동사무소(주민센터), 법원, 등기소, 공증인사무소

② 확정일자를 신청할 때에 임대인의 동의가 없어도 된다. 그러나 임대차계약을 체결하려는 자는 임대인의 동의를 받아 확정일자의 정보제공을 요청할 수 있다.

③ 경매나 공매시 우선변제를 청구할 수 있는 것이지 경매신청권이 인정되는 것은 아니다.

④ 임대차계약서에 아파트의 명칭과 동·호수의 기재를 누락하였더라도 확정일자의 요건을 갖춘 것이다(전입신고는 똑바로 했다는 전제가 있음).

⑤ 임대인 동의를 얻어 임차권을 양수하면 양수인은 원래 임차인의 우선변제권을 행사할 수 있다.

⑥ 임차권과 분리하여 보증금반환채권만을 양수한 채권양수인(금융기관 아님)은 우선변제권을 행사할 수 없다.

⑦ 금융기관 등은 보증금반환채권을 양수하면 양수한 금액의 범위 안에서 우선변제권이 승계된다.

⑧ 임차인이 임차권을 강화하고자 전세권설정등기를 마쳤더라도 대항요건을 상실하면 대항력과 우선변제권을 상실한다(임차권 따로! 전세권 따로!).

⑨ 임차권과 전세권을 모두 갖고 있는 임차인이 임차인 지위에 기해서 배당요구를 한 것을 전세권도 배당요구를 한 것으로 볼 수 없다(임차권 따로! 전세권 따로!).

⑩ 임차인이 강제경매 신청시 반대의무의 이행이나 이행의 제공을 집행개시의 요건으로 하지 않는다(한다×). ⇨ 집에 계속 살면서 경매신청이 가능하다. 그러나 우선변제권의 행사에 따른 보증금을 수령하려면 주택을 양수인(법원×)에게 인도해야 한다.

> **OX** 우선변제권 행사에 따른 보증금을 지급받은 후에 주택을 양수인에게 인도하면 된다.(×)

4 소액임차인의 최우선변제권

(1) 최우선변제권이란?

소액임차인이 경매나 공매시 다른 담보물권자(선순위 권리자 포함)보다 우선하여 보증금 중 일정액을 변제받을 수 있는 권리이다.

(2) 최우선변제권에서 문제되는 것

① 경매신청의 등기 전에 대항요건을 갖추고 있어야 한다(확정일자는 최우선변제권의 요건이 아니다. but 확정일자를 받아 두면 유리하다).

② 소액임차인이 여러 명이라 하더라도 최우선변제권은 주택가액(대지 포함)의 2분의 1을 넘지 않는 범위 내에서만 인정된다.

③ 임차권등기명령에 의한 임차권등기가 경료된 주택을 그 이후에 임차한 소액임차인은 최우선변제권(보증금 중 일정액에 대한 우선변제)이 인정되지 않는다. 그러나 확정일자에 의한 우선변제권은 인정된다.

④ 미등기 주택(대지에 저당권 설정시 주택이 존재)의 소액임차인도 대지의 환가대금에 대해서 최우선변제를 받을 수 있다. 그러나 나대지에 저당권 설정 후 건물이 건축되면 대지의 환가대금에 대해서 최우선변제를 받을 수 없다(나대지는 나대지 마).

⑤ 임차인 2명 이상이고 가정공동생활을 하면 보증금을 합산한다. ⇨ 상가건물임대차보호법은 이런 거 없다.

> **예** 부부가 함께 살면서 계약서 따로 써도 보증금을 더해서 판단한다.

⑥ 보증금이 정당하게 감액되면 그때부터는 소액임차인에 해당한다.

⑦ 담보물권 취득시(저당권 설정시)를 기준으로 소액임차인의 범위를 판단한다(임대차계약 체결시를 기준으로 판단×).

> **예** 서울에서 2023년 1월에 저당권 설정, 2025년 현재 보증금 1억 6천 5백만원의 임대차계약 체결 ⇨ 2023년 1월(이때는 1억 5천만원 이하가 소액임차인) 기준으로 판단하므로 소액임차인에 해당하지 않는다.

5 임차권등기명령제

① 임대차가 끝난 후(임대차 기간 중×) 보증금이 반환되지 아니한 경우, 임차인이 단독으로 법원에 임차권등기명령을 신청할 수 있다. 임차권등기명령의 집행에 따른 임차권등기를 마치면 대항력과 우선변제권을 취득한다. 그러나 기존 대항력과 우선변제권은 유지된다.

> **OX** 대항력은 있었고, 우선변제권은 없었는데 임차권등기명령의 집행에 따른 임차권등기를 마치면 대항력은 유지되고, 우선변제권은 등기한 때부터 발생한다.(○)

② 임차인은 임차권등기명령의 신청에 소요된 비용을 임대인에게 청구할 수 있다.

③ 임대인의 보증금반환이 임차인의 등기말소보다 먼저 이루어져야 한다(동시이행관계×).

④ 임차권등기명령이 임대인에게 송달되기 전에도 임차권등기명령을 집행할 수 있다.

> **OX** 법원의 임차권등기명령이 임대인에게 송달되어야 임차권등기명령을 집행할 수 있다.(×)

6 임대차기간

(1) 최단존속기간

① 기간의 정함이 없거나 기간을 2년 미만으로 정한 임대차는 그 기간을 2년으로 본다. 그러나 임차인은 2년 미만 주장 가능하다(임대인은 빼박 2년!).

② 임대차기간이 끝난 경우에도 임차인이 보증금을 반환받을 때까지는 임대차 관계가 존속되는 것으로 본다(존속의제).

(2) 묵시적 갱신(법정갱신)

① 임대인이 임대차기간이 끝나기 **6개월 전부터 2개월 전까지**에 임차인에 대하여 갱신거절(조건변경)의 통지를 하지 않은 경우 전 임대차와 동일조건으로 다시 임대차 한 것으로 본다(임차인이 임대차기간 끝나기 2개월 전까지 갱신거절의 통지를 하지 않은 경우도 같다).

⇨ 그러나 2기 차임액을 연체하거나 의무를 현저히 위반한 임차인은 묵시적 갱신이 인정되지 않는다.

> **주의**
>
> 주임법은 임차인이 2개월 전까지 갱신거절의 통지 규정 有
> 상임법은 임차인이 1개월 전까지 갱신거절의 통지 규정 無

② 묵시적 갱신의 경우 존속기간은 2년으로 본다. 그러나 묵시적 갱신이 되더라도 임차인은 언제든지 계약해지의 통지를 할 수 있다. 임대인이 그 통지를 받은 날부터 3개월이 지나면 계약해지의 효력이 발생한다(임대인은 빼박 2년!).

(3) 계약갱신요구권

① 임대인은 임차인이 임대차기간이 끝나기 **6개월 전부터 2개월 전까지** 사이에 행하는 계약갱신의 요구에 대해 정당한 사유 없이 거절할 수 없다.
[거절할 수 있는 정당한 사유의 예: 2기의 차임액을 연체한 사실이 있는 경우, 임대인(직계존속·직계비속을 포함)이 실제 거주하려는 경우]

② 임차인은 계약갱신요구권을 1회에 한하여 행사할 수 있다. 이 경우 갱신되는 임대차의 존속기간은 2년으로 본다(임대인은 빼박 2년!).

③ 갱신되는 임대차에 대해서 임차인은 언제든지 임대인에게 계약해지를 통지할 수 있다. 계약해지는 임대인이 그 통지를 받은 날부터 3개월이 지나면 그 효력이 발생한다. 임차인의 갱신요구가 임대인에게 도달한 후 임차인은 언제든지 계약해지의 통지를 할 수 있다(새롭게 2년이 개시되기 전에 계약해지의 통지가 가능하다).

④ 갱신되는 임대차는 전 임대차와 동일한 조건으로 다시 계약된 것으로 본다. 다만, 증액청구는 약정한 차임이나 보증금의 20분의 1의 금액을 초과하지 못한다(증액청구의 상한을 시·도 조례로 달리 정한 경우 그에 따른다).

⑤ 임대인(직계존속·직계비속을 포함)이 실제 거주하려는 사유로 갱신을 거절하였음에도 불구하고 실제 거주하지 않고, 제3자에게 목적 주택을 임대한 경우 임대인은 갱신거절로 인하여 임차인이 입은 손해를 배상하여야 한다.

⑥ 손해배상액은 다음의 금액 중 **큰 금액**으로 한다(주임법이 큰 집이다. 큰 집이니까 큰 금액).

　　㉠ 갱신거절 당시 월차임("환산월차임"을 포함한다.)의 3개월분에 해당하는 금액

　　㉡ 임대인이 제3자에게 임대하여 얻은 환산월차임과 갱신거절 당시 **환산월차임 간 차액의 2년분에 해당하는 금액**

　　㉢ 갱신거절로 인하여 임차인이 입은 손해액

> **[참고]**
>
> **손해배상액 산정**(기준금리는 3%로 한다)
> 환산월차임 = 보증금 × (기준금리 + 2%) ÷ 12 + 월차임
> 보증금 1억 2천만원, 월차임 40만원
> 1억 2천만원 × 0.05 = 600만원 ÷ 12 = 50만원
> 50만원 + 40만원 = 90만원 × 3개월 = 270만원
> 보증금 1억 2천만원, 월차임 60만원을 받고 제3자에게 임대차를 하면 50만원 + 60만원 = 110만원
> 환산월차임간 차액은 110만원 − 90만원 = 20만원, 20만원 × 2년(24개월) = 480만원

⑦ 기 타

① **증액청구**는 약정한 차임이나 보증금의 20분의 1의 금액을 초과할 수 없다(증액청구의 상한을 시·도 조례로 달리 정한 경우 그에 따른다). 증액이 있은 후 1년 이내 다시 증액청구를 할 수 없다(재계약시 또는 합의로 증액시에는 증액 제한규정이 적용되지 않는다).
　⇨ 계약기간 중(갱신 포함)에 증액시 5%까지만 올릴 수 있고, 재계약시에는 5% 초과하여 올릴 수 있다.

　　예 2년 계약했는데 1년 지나고 올릴 때 5%까지만 올릴 수 있다.
　　　묵시적 갱신(계약갱신요구권 행사로 갱신)의 경우에도 5%까지만 올릴 수 있다.
　　　4년째 재계약할 때는 5% 초과해서 올릴 수 있다.

② **감액청구**는 약정한 차임이나 보증금의 20분의 1의 금액을 초과할 수 있고, 감액이 있은 후 1년 이내 다시 감액청구도 할 수 있다.

③ 임차인이 상속인(2촌 이내) 없이 사망한 경우 주택에서 가정공동생활을 하던 사실상의 혼인관계에 있는 자는 임차인의 권리와 의무를 승계(상속)한다. 1개월(3개월×) 이내에 반대의사를 표시하면 승계 포기도 가능하다. 그러나 **상속인이 가정공동생활을 한다면 상속인이 단독으로 승계한다**(공동 – 공동×). 상속인이 가정공동생활을 하지 않는다면 사실상의 혼인관계에 있는 자와 상속인이 공동으로 승계한다.

　　OX 상속인이 가정공동생활을 하면 사실상의 혼인관계에 있는 자와 상속인이 공동으로 승계한다.(×)

④ 월 차임 전환시 산정률 제한 : 연 10% 또는 기준금리 + 2% 중 낮은 것을 넘지 못한다.

> 📖 기준금리는 3%로 한다. 보증금 1억 2천만원을 월차임으로 전환하면 1억 2천만원 × 0.05 = 600만원(연) ÷ 12 = 50만원(월)

⑤ 임대인의 정보 제시 의무

    ㉠ 해당 주택의 확정일자 부여일, 차임 및 보증금 등 정보

    ㉡ 국세징수법 및 지방세징수법에 따른 납세증명서를 임차인에게 제시하여야 한다.

      ⇨ 열람 동의로 갈음할 수 있다.

제4절 | 상가건물 임대차보호법

1 상가건물 임대차보호법의 적용범위

① 환산보증금(서울에서 환산보증금이 9억원 초과)이 일정액을 초과하는 경우에는 적용되지 않는다. ⇨ 영세 상인이 아니어서 보호할 필요가 없으니까

   그러나 대항력, 권리금 보호, 3기의 차임액 연체시 계약해지, 표준계약서 사용 권장, 계약갱신요구권, 폐업으로 인한 임차인의 해지권은 환산보증금이 일정액을 초과하는 경우에도 적용된다(대권3표 계갱해).

> **OX** 환산보증금이 10억원인 상가임차인이 건물인도와 사업자등록을 신청한 때에는 다음 날부터 대항력이 발생한다.(○)
> 환산보증금이 10억원인 상가임차인이 확정일자를 받으면 우선변제권이 인정된다.(×)
> 환산보증금이 10억원인 상가임대차의 경우 양수인은 임대인의 지위를 승계한 것으로 본다.(○)
> ⇨ 대항력 규정이니까 적용된다.

② 교회, 동창회, 종친회 등의 사무실은 적용되지 않는다. ⇨ 상가건물이 아니니까

> **OX** 물건을 제조·가공만 하는 공장은 적용되지 않지만, 판매까지 같이 하는 공장은 적용된다.(○)

③ 일시사용을 위한 임대차는 적용되지 않는다. ⇨ 보호할 필요가 없으니까

④ 법인의 경우는 원칙적으로 적용된다. ⇨ 법인도 상인이니까

⑤ 미등기 전세(채권적 전세)는 적용된다. ⇨ 보호할 필요가 있으니까

2 제3자에 대한 대항력

① 취득요건 및 존속요건 : 건물 인도 + 사업자등록의 신청 ⇨ 다음 날부터(다음 날 0시부터)

② 임차건물의 양수인은 임대인의 지위를 승계한 것으로 본다(양수인에 상속인도 포함).

③ 폐업 후 동일 상호와 동일 사업자등록번호로 사업자등록을 해도 기존의 대항력이 유지되는 것은 아니다. 그러나 새로운 대항력이 발생한다.

④ 경매나 공매에서는 대항요건을 갖췄더라도 후순위 임차인은 대항력이 없다.

⑤ 임대인의 동의를 얻어 전대차를 한 경우 전차인 명의로 사업자등록을 해야 대항력이 인정된다(즉, 간접 점유도 대항력이 인정된다).

③ 우선변제권

① 대항요건 + 확정일자(관할 세무서장)

② 경매나 공매시 환가대금에서 후순위권리자나 기타 채권자보다 먼저 배당을 받는다.

③ 금융기관 등은 보증금반환채권을 양수하면 양수한 금액의 범위 안에서 우선변제권이 승계된다.

④ 소액임차인의 최우선변제권

① 경매신청의 등기 전에 대항요건을 갖추어야 한다(확정일자는 최우선변제권의 요건이 아니다).

② 경매나 공매시 보증금 중 일정액을 다른 담보물권자(선순위 권리자 포함)보다 먼저 받는다.

③ 소액임차인이 여러 명이라 하더라도 최우선변제권은 상가건물가액(대지 포함)의 2분의 1을 넘지 않는 범위 내에서만 인정된다.

④ 임차권등기명령에 의한 임차권등기가 경료된 상가건물을 그 이후에 임차한 소액임차인은 최우선변제권이 인정되지 않는다.

⑤ 소액임차인을 판단하는 기준이 환산보증금이다(but 주택임대차보호법은 단순 보증금). 서울에서 환산보증금이 6천 5백만원 이하여야 소액임차인에 해당한다.

> **예** 서울에서 보증금 1천만원, 월차임 60만원인 상가의 임차인은 환산보증금이 7천만원이므로 소액임차인에 해당하지 않는다.

⑤ 임대차기간

① 최단존속기간 : 기간의 정함이 없거나 기간을 1년 미만으로 정한 임대차는 그 기간을 1년으로 본다. 그러나 임차인은 1년 미만을 주장할 수 있다(임대인은 빼박 1년!).

② 임대차가 종료한 경우에도 임차인이 보증금을 반환받을 때까지 임대차 관계가 존속하는 것으로 본다(존속의제). 상가임대차가 종료된 경우 보증금을 반환받을 때까지 임차목적물을 계속 점유하면서 사용·수익한 임차인은 종전 임대차계약에서 정한 차임을 지급할 의무를 부담할 뿐이고, 시가에 따른 차임에 상응하는 부당이득금을 지급할 의무를 부담하는 것은 아니다.

③ 묵시적 갱신 : 임대인이 기간이 만료되기 **6개월 전부터 1개월 전까지** 사이에 갱신거절 (조건변경)의 통지를 하지 아니한 경우 전 임대차와 동일한 조건으로 다시 임대차 한 것으로 본다. 존속기간은 1년으로 본다. 그러나 임차인은 언제든지 계약해지 통고가 가능하다(3개월 후 효력발생, 임대인은 **빼박** 1년!).

④ 계약갱신요구권 : 임대인은 임차인이 기간이 만료되기 **6개월 전부터 1개월 전까지** 사이에 계약갱신을 요구할 경우 정당한 사유 없이 거절할 수 없다(갱신요구를 거절할 수 있는 정당한 사유의 **예** 3기의 차임액을 연체한 사실이 있는 경우).

OX 2기의 차임액을 연체한 사실이 있는 경우 갱신요구를 거절할 수 있다.(×)

⑤ 갱신요구를 거절할 수 있는 일부 시리즈 : 동의 없이 일부 전대○, 일부 멸실○, 일부 파손○, **일부 철거**× ⇨ 주택임대차보호법과 내용 동일

⑥ 최초의 임대차기간을 **포함한 전체 임대차 기간이 10년**을 초과하지 않는 범위 내에서만 계약갱신요구권을 행사할 수 있다. ⇨ 10년 제한 규정이 묵시적 갱신에는 적용되지 않는다.

⑦ 임대인이 갱신거절의 통지를 먼저 한 후라 하더라도 임차인은 계약갱신요구권을 행사할 수 있다. ⇨ 갱신거절의 통지는 묵시적 갱신을 막을 수 있지만 계약갱신요구권을 막을 수는 없다.

⑧ 임대인의 동의를 받고 전대한 경우 임차인의 계약갱신요구권의 행사 기간 범위 안에서 전차인은 임차인을 대위하여 임대인에게 계약갱신요구권을 행사할 수 있다. ⇨ 주택임대차보호법은 이런 거 없다.

6 기 타

① **증액청구**는 약정한 차임이나 보증금의 100분의 5의 금액을 초과할 수 없다. 증액이 있은 후 1년 이내 다시 증액청구를 할 수 없다(재계약시 또는 합의로 증액시에는 증액 제한규정이 적용되지 않는다.) ⇨ 계약기간 중(갱신 포함)에 증액시 5%까지만 올릴 수 있고, 재계약시에는 5% 초과하여 올릴 수 있다.

그러나 제1급 감염병으로 임대인이 감액을 해 준 경우에는 감액 전 금액에 달할 때까지는 5% 초과 금지가 적용되지 않는다. **예** 코로나로 임대인이 월차임 100만원에서 50만원으로 감액을 해 준 경우, 100만원까지는 5% 초과 금지가 적용되지 않는다.

② **감액청구**는 약정한 차임이나 보증금의 100분의 5의 금액을 초과할 수 있고, 감액이 있은 후 1년 이내 다시 감액청구도 할 수 있다.

③ 월 차임 전환시 산정률 제한 : 연 12% 또는 기준금리의 4.5배 중 낮은 것을 넘지 못한다.

> **주의**
>
> ① 주임법 : 연 10% 또는 기준금리 + 2%
> ② 상임법 : 연 12% 또는 기준금리 × 4.5

④ 상가건물의 일부분 임대차인 경우 사업자등록 신청시 일부를 표시하는 도면을 첨부하여 사업자등록을 하여야 대항력이 발생한다. ⇨ 주택임대차보호법은 이런 거 없다.

⑤ 보전가등기가 경료된 후 대항요건을 갖춘 임차인은 가등기에 기하여 본등기를 한 자에 대하여 대항력을 주장할 수 없다.

⑥ 3기의 차임액 연체시 계약을 해지할 수 있다(2기×). ⇨ 계약해지시 3기 차임액을 연체하고 있어야 한다. 따라서 연체한 사실만으로 계약해지는 안 된다.

7 권리금 회수기회 보호

♠ 임대인, 임차인, 신규임차인의 법률관계

> 신규임차인이 임대인과 임대차계약을 체결하고, 해당 상가건물에서 장사를 하게 될 때 임차인에게 권리금을 지급한다. 신규임차인이 임대인과 임대차계약을 체결하지 못하면 해당 상가건물에 못 들어가고, 임차인에게 권리금을 못 준다.

(1) 임대인의 방해행위

임대인은 임대차기간이 끝나기 6개월 전부터 임대차 종료시까지 다음의 방해행위를 해서는 아니 된다(6개월 전부터 1개월 전까지×).

① 임차인이 주선한 신규임차인이 되려는 자에게 권리금을 요구하거나, 임차인이 주선한 신규임차인이 되려는 자로부터 권리금을 수수하는 행위 ⇨ 권리금은 임차인이 받는 거니까

② 임차인이 주선한 신규임차인이 되려는 자로 하여금 임차인에게 권리금을 지급하지 못하게 하는 행위 ⇨ 권리금은 임차인이 받는 거니까

③ 임차인이 주선한 신규임차인이 되려는 자에게 상가건물에 관한 조세, 공과금, 주변 상가건물의 차임 및 보증금, 그 밖의 부담에 따른 금액에 비추어 현저히 고액의 차임과 보증금을 요구하는 행위 ⇨ 신규임차인이 해당 상가건물에 못 들어가니까 권리금을 못 주게 된다.

④ 그 밖에 정당한 사유 없이 임대인이 임차인이 주선한 신규임차인이 되려는 자와 임대차계약의 체결을 거절하는 행위 ⇨ 신규임차인이 해당 상가건물에 못 들어가니까 권리금을 못 주게 된다.

⑵ 임대인이 거절할 수 있는 정당한 사유

다음의 어느 하나에 해당하는 경우에는 임대인은 임차인이 주선한 신규임차인이 되려는 자와 임대차계약의 체결을 거절할 수 있다(임차인에게 갱신요구 거절사유가 있는 경우에도 거절할 수 있다).

① 임차인이 주선한 신규임차인이 되려는 자가 보증금 또는 차임을 지급할 자력이 없는 경우

② 임차인이 주선한 신규임차인이 되려는 자가 임차인으로서의 의무를 위반할 우려가 있거나, 그 밖에 임대차를 유지하기 어려운 상당한 사유가 있는 경우
  ⇨ ①과 ②에 대해서 임차인이 임대인에게 신규임차인과 관련 정보를 제공하여야 한다(신규임차인이 임대인에게 정보를 제공×).

③ 임대차목적물인 상가건물을 1년 6개월 이상 영리목적으로 사용하지 아니한 경우(1년×, 6개월×, 16개월×) ⇨ 임대인이 해당 건물을 1년 6개월 이상 창고로 사용하겠다고 말하면서 거절할 수 있다. 종전 소유자와 새로운 소유자가 영리 목적으로 사용하지 아니한 기간이 합쳐서 1년 6개월 이상이어야 한다.

④ 임대인이 선택한 신규임차인이 임차인과 권리금 계약을 체결하고 그 권리금을 지급한 경우 ⇨ 임대인이 신규임차인을 소개해서 임차인이 권리금을 이미 받았는데, 임차인이 다른 신규임차인을 데려와서 다시 하겠다고 하면 거절할 수 있다(권리금을 이미 받았으니까).

⑶ 손해배상책임 및 권리금 관련 판례

① 임대인이 방해행위를 하여 임차인에게 손해를 발생하게 한 때에는 그 손해를 배상할 책임이 있다. 이 경우 그 손해배상액은 신규임차인이 임차인에게 지급하기로 한 권리금과 임대차 종료 당시의 권리금(감정평가한 권리금) 중 낮은 금액을 넘지 못한다.

② 임차인의 손해배상청구권은 임대차가 종료한 날부터 3년 이내에 행사하지 아니하면 시효로 소멸한다(방해행위를 한 날부터 3년×). 임대인의 권리금 회수기회 방해로 인한 손해배상채무는 임대차가 종료한 날에 이행기가 도래하여 그 다음 날부터 지체책임이 발생하는 것으로 보아야 한다.

③ 임대인이 신규임차인이 되려는 자와 임대차계약을 체결할 의사가 없음을 확정적으로 표시한 경우, 임차인이 실제로 신규임차인을 주선하지 않았더라도 권리금 회수 방해로 인한 손해배상을 청구할 수 있다.

④ 권리금 회수방해로 인한 손해배상책임이 성립하기 위하여 반드시 임차인과 신규임차인이 되려는 자 사이에 권리금계약이 미리 체결되어 있어야 하는 것은 아니다.

⑤ 최초 임대차기간을 포함한 전체 임대차기간이 10년을 초과하여 임차인이 계약갱신요구권을 행사할 수 없는 경우에도 임대인은 권리금 회수기회 보호의무를 부담한다.

> **│주의│**
> 묵시적 갱신 ≠ 계약갱신요구권 ≠ 권리금 보호

⑥ 임차인이 3기의 차임액을 연체한 사실이 있는 경우 임대인은 권리금 회수기회 보호의무가 적용되지 않는다(임차인은 권리금 회수기회 보호를 못 받는다). ⇨ 갱신요구 거절 사유가 있으면 권리금 회수기회 보호를 못 받는다.

⑦ 임대인이 해당 건물의 철거 및 재건축 계획을 고지한 사실은 특별한 사정이 없는 한 권리금회수기회를 방해하는 행위에 해당하지 않는다. ⇨ 레알 철거 · 재건축을 할 거니까

(4) 권리금 보호의 제외

① 대규모점포(백화점) 또는 준대규모점포(대형마트)의 일부인 경우에는 적용되지 아니한다.

② 국유재산(국가) 또는 공유재산(지방자치단체)인 경우에는 적용되지 아니한다.

③ 전통시장은 적용된다. ⇨ 권리금 보호를 받는다.

(5) 표준계약서

① 표준권리금계약서: 국토교통부장관은 법무부장관과 협의를 거쳐 표준권리금계약서를 정하여 그 사용을 권장할 수 있다.

② 상가건물임대차표준계약서: 법무부장관은 국토교통부장관과 협의를 거쳐 상가건물임대차표준계약서를 정하여 그 사용을 권장할 수 있다.

(6) 권리금에 대한 감정평가

국토교통부장관은 권리금에 대한 감정평가의 절차와 방법 등에 관한 기준을 고시할 수 있다.

📌 묵시적 갱신(임대인과 임차인이 모두 멍 때림)

구 분	주택임대차보호법	상가건물 임대차보호법
갱신거절 통지	임대인: 기간 만료 6개월 전부터 2개월 전까지	임대인: 기간 만료 6개월 전부터 1개월 전까지
	임차인: 기간 만료 2개월 전까지	임차인: 규정 없음 ⇨ 만료일 전까지 가능 임차인이 만료일 전까지 갱신거절 통지를 하면 만료일에 임대차는 종료한다.

존속기간	2년으로 본다.	1년으로 본다.
	임차인은 언제든지 해지 통지(통고) 가능 임대인이 통지를 받은 날부터 3개월이 지나면 계약해지의 효력이 발생	
인정 안 되는 경우	2기의 차임액 연체하거나 의무를 현저히 위반한 임차인에게는 인정 안 됨	규정 없음

🔺 계약갱신요구권(임차인이 요구함)

구 분	주택임대차보호법	상가건물임대차보호법
행사기한	임차인: 기간 만료 6개월 전부터 2개월 전까지	임차인: 기간 만료 6개월 전부터 1개월 전까지
횟수 제한	1회에 한하여 (2년 + 2년)	횟수제한 없음 최초 기간 포함하여 10년
해지 통지	임차인은 언제든지 해지 통지 가능 임대인이 통지를 받은 날부터 3개월이 지나면 계약해지의 효력이 발생	규정 없음
거절 사유	2기의 차임액을 연체한 사실이 있는 경우	3기의 차임액을 연체한 사실이 있는 경우
	임대인(지계존속·직계비속을 포함)이 실제 거주를 이유로○	규정 없음
	동의 없이 일부 전대○, 일부 멸실○, 일부 파손○, 일부 철거×(대부분 철거○)	
전대차 적용	규정 없음	임대인의 동의를 얻은 전대차에서 임차인의 계약갱신요구권의 행사 기간 범위 안에서 전차인이 임차인을 대위해서 계약갱신요구권을 행사할 수 있다. 예 임차인이 4년간 장사하다가 전대차를 한 경우 전차인은 6년 이내에서 임차인이 4년간 장사하다가 전대차를 한 경우 전차인은 6년 이내에서 계약갱신요구권을 행사할 수 있다.

제5절 집합건물법

1 전유부분에 대한 구분소유권

(1) 의 의

전유부분이란 구분소유권의 목적인 건물부분을 말한다. 따라서 구분소유권은 전유부분(공용부분×)을 목적으로 하는 소유권이다.

(2) 구분소유권의 성립요건

① 구조상(예 벽)·이용상(예 출입문)의 독립성

② 소유자의 구분행위(시기나 방식의 제한이 없음): 구조상·이용상의 독립성을 갖추었다는 사유만으로 당연히 구분소유권이 성립한다고 할 수는 없고, 소유자의 구분행위가 있어야 비로소 구분소유권이 성립한다.

> **OX** 구분건물이 객관적·물리적으로 완성되더라도 그 건물이 집합건축물대장에 등록되지 않는 한 구분소유권의 객체가 되지 못한다.(×) ⇨ 건축허가신청이나 분양계약 등을 통하여 구분행위가 인정되면 구분건물이 객관적·물리적으로 완성되면 그 시점에서 구분소유가 성립한다.

2 공용부분

(1) 의 의

공용부분이란 전유부분 이외의 건물부분을 말한다.

① 구조상(법정·당연) 공용부분: 건물의 구조상 공용에 제공되는 부분을 말한다. 예를 들어 건물의 승강기, 복도, 계단, 아파트지하실, 지하주차장 등이 있으며 별도의 등기는 필요하지 않다.

② 규약상 공용부분: 본래는 전유부분의 대상이 될 수 있으나 규약이나 공정증서로써 공용부분이 된 부분을 말한다. 이 경우에는 등기부에 공용부분이라는 취지를 등기하여야 한다.

(2) 공용부분의 귀속

① 공용부분은 원칙적으로 구분소유자 전원의 공유에 속한다. 다만, 일부 구분소유자만의 공용에 제공되는 것임이 명백한 공용부분은 그들 구분소유자의 공유에 속한다. 예 주상복합건물에서 상가부분에 대한 승강기

② 각 공유자의 지분은 규약에 달리 정함이 없는 한 그가 가지는 전유부분의 면적의 비율에 의한다.

(3) 공용부분의 사용, 비용부담 및 수익

① 각 공유자는 공용부분을 그 용도에 따라(지분의 비율에 따라×) 사용할 수 있다.

② 각 공유자는 규약에 달리 정함이 없는 한 그 지분의 비율에 따라 공용부분의 관리비용 기타 의무를 부담하며 공용부분에서 생기는 이익을 취득한다.

③ 공유자가 공용부분에 관하여 다른 공유자에 대하여 가지는 채권은 그 특별승계인에 대하여도 행사할 수 있다.

    ㉠ 공용부분의 체납관리비 : 특별승계인에게 승계○, 중첩적으로 승계○

    ㉡ 공용부분의 관리비에 대한 연체료 : 특별승계인에게 승계×

    ㉢ 전유부분의 체납관리비 : 특별승계인에게 승계×

(4) 공부분의 처분제한

① 공유자의 공용부분에 대한 지분은 그가 가지는 전유부분의 처분에 따른다.

② 각 공유자는 그가 가지는 전유부분과 분리하여 공용부분에 대한 지분을 처분할 수 없다 (죽었다 깨나도).

③ 공용부분은 전유부분과 당연히 함께 이전하므로 공용부분에 관한 물권의 득실변경은 등기를 요하지 아니한다.

④ 집합건물의 공용부분은 취득시효에 의한 소유권 취득의 대상이 될 수 없다.

(5) 흠(하자)의 추정

전유부분이 속하는 1동의 건물 설치 또는 보존의 흠으로 인하여 다른 자에게 손해를 입힌 경우에는 그 흠은 공용부분(전유부분×)에 존재하는 것으로 추정한다.

③ 대지사용권

(1) 의의 및 요건

① 대지사용권이란 구분소유자가 그의 전유부분을 소유하기 위하여 건물의 대지에 대하여 가지는 권리를 말한다.

② 대지사용권은 통상적으로 소유권인 것이 보통이지만, 그 밖에 지상권, 임차권, 전세권 등도 대지사용권이 될 수 있다.

(2) 전유부분과 대지사용권의 일체성

① 구분소유자의 대지사용권은 그가 가지는 전유부분의 처분에 따른다.

② 구분소유자는 규약으로써 달리 정하는 경우가 아니라면 그가 가지는 전유부분과 분리하여 대지사용권을 처분할 수 없다. ⇨ 규약으로 달리 정하면 전유부분과 분리하여 대지사용권을 처분할 수 있다.

③ 전유부분에만 설정된 저당권의 효력은 대지사용권에도 미친다. 따라서 법원의 경매절차에 의하더라도 전유부분과 대지사용권은 분리하여 처분할 수 없다.

④ 공용부분, 대지에 대하여 구분소유자는 분할을 청구할 수 없다.

Chapter 03

경매 · 매수신청대리인등록

제1절　경 매

1 경매 종류

① 강제경매 : 집행권원(판결문 등)을 가진 채권자에 의해서 실행되는 경매(例 임차인, 가압류채권자) ⇨ 등기목적에 '강제경매개시결정'이라고 기재가 된다.

② 임의경매 : 저당권 등 담보물권을 가진 자가 실행하는 경매 ⇨ 등기목적에 '임의경매개시결정'이라고 기재가 된다.

2 경매참가 전 권리분석

(1) 말소기준권리(소멸 또는 인수의 기준)

1. 전세권 (원칙 : 인수)
2. 저당권 ─────────→ 말소기준권리
3. 지상권   아래로
4. 가압류   자폭
5. 근저당권 ⇨ 경매신청 함

① 저당권, 근저당권, 압류, 가압류, 담보가등기(담보 목적 有), 경매개시결정등기는 순위와 상관없이 매각(경매)으로 무조건 소멸한다.

　OX 모든 저당권은 매각으로 소멸한다.(○)
　후순위 저당권자가 경매를 신청한 경우 선순위 저당권도 매각으로 소멸한다.(○)

② 저당권, 근저당권, 압류, 가압류, 담보가등기(담보 목적 有), 경매개시결정등기 중 최선순위에 있는 것이 말소기준권리이다.

③ 말소기준권리보다 후순위인 용익물권, 가처분등기, 보전가등기(담보 목적 無), 환매등기, 대항요건을 갖춘 임차권은 경매로 소멸한다(반대로 말소기준권리보다 선순위면 인수된다).

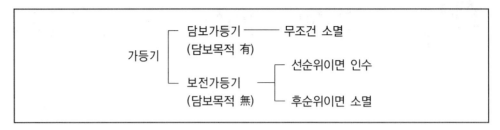

OX 담보목적이 아닌 최선순위 소유권이전등기청구권 보전가등기는 매각으로 소멸한다.(×)

④ 최선순위 전세권은 인수가 원칙이다. 그러나 **최선순위 전세권이라도 배당요구를 한 경우 소멸한다.** 후순위 전세권은 그냥 소멸한다.

(2) 후순위여도 인수되는 것

① 유치권, 법정지상권은 말소기준권리보다 후순위여도 인수가 된다.

② 매수인은 유치권으로 담보되는 채권을 변제할 책임이 있다. ⇨ 매수인(낙찰자) 입장

③ 유치권자는 매수인에게 적극적 변제청구는 불가능하다. 피담보채권의 변제가 있을 때까지 목적물의 인도를 거절할 수 있다. ⇨ 유치권자 입장

④ 압류의 효력이 발생한 후 경매목적물의 점유를 취득한 유치권자는 매수인에게 대항할 수 없다(압류의 효력이 발생 한 후 = 경매가 개시된 후).

⑤ 경매가 개시되면 압류의 효력이 발생한다.

　OX 법원이 경매절차를 개시하는 결정을 할 때에는 동시에 그 부동산의 압류를 명하여야 한다.(○)

⑥ 경매신청이 취하되면 그 경매신청으로 발생한 압류의 효력은 소멸된다. ⇨ 경매로 발생한 압류의 효력은 경매를 하지 않으면 효력을 상실한다.

③ 경매에서 보증금 등

① 매수신청보증금(경매에 참여함): 법원에서 달리 정하지 않으면 **최저매각가격의 10분의 1**(매수가격의 10분의 1×, 매수신고가격의 10분의 1×)

② 항고보증금(경매에 불복함): **매각대금의 10분의 1**

③ 입찰에 참여할 수 있는 자(3권보물족) ⇨ 제3취득자, 채권자, 담보권자, 물상보증인, 채무자의 가족(but 채무자×, 재매각시 전 매수인×)

④ 매각방법: 호가경매, 기일입찰, 기간입찰의 세 가지 방법 중 법원이 정한 방법에 따른다.

⑤ 이중경매개시결정: 경매개시결정을 한 부동산에 대해서 다른 강제경매의 신청이 있는 때에는 법원은 다시 경매개시결정을 한다. ⇨ 첫 번째 경매가 취하될 때를 대비해서 두 번째 경매신청도 받아줘라.

　OX 두 번째 경매신청을 각하한다.(×)

⑥ 차순위매수신고는 그 신고액이 최고가매수신고액에서 그 보증액을 **뺀** 금액을 넘을 때에만 할 수 있다.

> **예** 최저매각가격 2억원, 매수신청보증금 2천만원, 최고가매수신고금액 2억 5천만원
>
> ⇨ 2억 5천만원 − 2천만원 = 2억 3천만원
>
> 따라서 차순위매수신고는 2억 3천만원을 넘을 때에만 할 수 있다.
>
> **OX** 차순위매수신고는 그 신고액이 최고가매수신고액에서 그 보증액을 뺀 금액을 넘지 않을 때만 할 수 있다.(×)

⑦ 최고가매수신고인이 2명 이상이면 그 사람들만 다시 입찰하게 한다.

> **OX** 최고가매수신고인이 2명 이상이면 참여자 모두 다시 입찰하게 한다.(×)

⑧ 채권자가 최고가매수신고인인 경우 매각결정기일이 끝날 때까지 상계신청을 할 수 있다.

4 재매각과 새매각

① 재매각은 매수인이 매각대금을 납부하지 않아 실시하는 경매이다. ⇨ 저감이 없다. = 종전의 최저매각가격을 적용한다(낙찰된 것이니까).

② 불허가결정으로 다시 하는 새매각은 저감이 없다(낙찰된 것이니까).

그러나 유찰이 되서(= 허가할 매수가격의 신고가 없음) 실시하는 새매각은 저감이 있다(= 최저매각가격을 상당히 낮춘다).

③ 매수인이 재매각기일의 3일 이전까지 대금과 이자를 지급하면 재매각절차를 취소해야 한다(불쌍하니까 한 번 더 기회를 준다).

④ 경매시 토지거래허가는 면제가 되고, 농지취득자격증명은 발급받아야 한다(농지취득자격증명을 낙찰받고, 매각결정기일까지 제출).

> 경매허면유~ 우리에게 유리한 거 인정 안 돼유

⑤ 매각결정기일은 매각기일부터 1주 이내로 정하여야 한다.

⑥ 대금지급기한은 원칙적으로 매각허가결정이 확정된 날부터 1월 안의 날로 정하여야 한다.

⑦ 대금지급기한(대금지급기일×)이 지나기 전에 대금을 완납하면 즉시 소유권을 취득한다(대금지급기한 지난 후 소유권 취득×).

⑧ 대금완납 후 **6개월** 이내 인도명령을 신청하여 인도받을 수 있고, **6개월** 이후에는 명도소송을 하여야 한다.

> **OX** 대항력이 없는 임차인은 인도명령의 대상자에 해당한다.(○)
>
> 보증금이 전액 변제되지 않은 대항력이 있는 임차인은 인도명령의 대상자에 해당한다.(×)

5 배당요구채권자와 배당

(1) 배당요구채권자

① 집행법원은 배당요구의 종기를 첫 매각기일 이전으로 정한다.

② 확정일자부 임차인(우선변제권)과 소액임차인(최우선변제권)도 배당요구의 종기까지 배당요구를 하여야 한다(but 첫 경매개시결정등기 전에 임차권등기명령에 의해 임차권등기를 경료한 임차인과 강제경매를 신청한 임차인은 배당요구 불필요).

③ 배당요구에 따라 매수인이 부담해야 할 부담이 바뀌는 경우 배당요구를 한 채권자는 배당요구의 종기가 지난 뒤에는 이를 철회하지 못한다(예 선순위 전세권자가 배당요구를 한 경우).

(2) 배 당

① 배당순위 : 최우선변제권 ⇨ 법정기일이 확정일자보다 빠른 당해세 ⇨ 담보물권(우선변제권) (최해담)

② 저당권 설정 후 가압류 : 저당권이 선순위

예 배당금액 1억원
  1. 저당권 1억원
  2. 가압류 5천만원
  ⇨ 저당권자가 1억원을 배당받음, 가압류는 0원

③ 가압류 한 후 저당권 설정 : 동순위이므로 채권액에 따라 안분배당(평등배당)

예 배당금액 1억원
  1. 가압류 5천만원
  2. 저당권 1억원

$$⇨ 가압류채권자 = 1억원 \times \frac{5천}{1억\ 5천}$$

$$저당권자 = 1억원 \times \frac{1억원}{1억\ 5천}$$

> **주의**
> 임차인의 우선변제권은 배당시 저당권과 동일하게 취급한다. 위의 사례에서 저당권을 임차인으로 바꿔도 내용은 동일하다.

제2절 | 매수신청대리인등록

🔖 중개업과 매수신청대리업의 관계

매수신청대리업은 중개업이 아니다. 그러나 중개업과 같이 해야 한다. 중개업을 하지 않으면서 매수신청대리업만 할 수는 없다. 매수신청대리업을 할 때 등록을 하는데 이것을 매수신청대리인등록이라고 한다. 매수신청대리업은 중개업과 같이 해야 하지만 별개이다. 등록도 별도로 해야 하고, 실무교육도 별도로 받아야 하고, 업무보증도 별도로 설정해야 하고, 결격사유도 별도로 있고, 사무소가 이전하면 이전신고도 별도로 해야 한다.

1 매수신청대리인등록

① 경매대상 부동산에 대해서 매수신청 또는 입찰신청의 대리를 하고자 하는 때에 매수신청대리인등록을 하여야 한다. ⇨ 이 경우만 매수신청대리인등록이 필요하다(공매대상×, 권리분석×, 취득알선×).

② 공인중개사인 개업공인중개사와 법인인 개업공인중개사만 매수신청대리인등록을 할 수 있다(중개사무소의 개설등록을 하지 않은 공인중개사×, 소속공인중개사×, 부칙상 개업공인중개사×).

③ 중개사무소 소재지(법인의 경우 주된 사무소)를 관할하는 지방법원장에게 등록신청을 하여야 한다. 지방법원장은 14일 이내에 등록처분을 하여야 한다(7일×).

> **주의**
>
> 매수신청대리인등록 : 지방법원장
> 경매관련 실무교육 : 법원행정처장

④ 실무교육 : 경매 관련 실무교육이 별도로 존재한다.
  ㉠ 법인인 개업공인중개사는 대표자만 수료하여야 한다(임원 또는 사원 전원×).
  ㉡ 법원행정처장이 지정하는 교육기관에서 수료하여야 한다(실무는 일이니까 일년!).
  ㉢ 교육시간은 32시간 이상 44시간 이내(경매 관련 연수교육과 직무교육은 없다.)

> **주의**
>
> ① 중개업 실무교육을 받고, 1년 이내 중개업 실무교육은 면제○
> ② 경매 실무교육을 받고, 1년 이내 경매 실무교육은 면제○
> ③ 중개업 실무교육을 받고, 1년 이내 경매 실무교육은 면제×
>   ⇨ 동일 계열은 1년 이내 면제가 되고, 교차는 면제가 안 된다.

⑤ 결격사유가 별도로 존재한다.

> **예** 매수신청대리인등록이 취소된 후 3년이 지나지 않은 자(다만, **중개업 폐업신고를 이유로 매수신청대리인 등록이 취소된 경우는 제외한다.**)는 결격사유에 해당한다. 민사집행절차의 매각에서 유죄판결을 받고 그 판결확정일로부터 2년이 지나지 않은 자는 결격사유에 해당한다.

⑥ 업무보증 : 보증금액은 중개업과 동일하다(법인인 개업공인중개사 4억원 이상, 분사무소는 추가로 2억원 이상, 공인중개사인 개업공인중개사는 2억원 이상). 그러나 **설정 시기는 미리 설정하여야 한다.**

> **OX** 매수신청대리인이 된 개업공인중개사는 업무보증을 설정해야 한다.(×)
> 매수신청대리인이 되고자 하는 개업공인중개사는 업무보증을 설정해야 한다.(○)

> **참고**
>
> 매수신청대리업의 업무보증
>
>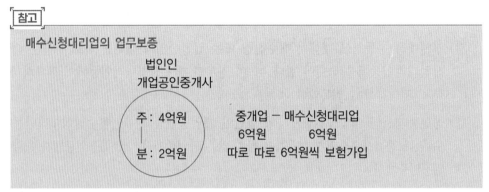
>
> 법인인
> 개업공인중개사
>
> 주 : 4억원   중개업 - 매수신청대리업
> │   6억원   6억원
> 분 : 2억원   따로 따로 6억원씩 보험가입

⑦ 매수신청대리업의 휴업은 6개월을 초과할 수 없다. 그러나 중개업 휴업은 부득이한 사유가 있는 경우 6개월 초과 휴업이 가능하다.

⑧ 중개업 휴업이면 매수신청대리업은 절대적 업무정지사유
    중개업 폐업이면 매수신청대리업은 절대적 등록취소사유

2 매수신청대리행위

① 매수신청대리 대상물은 중개대상물과 동일하다. 따라서 입목, 광업재단, 공장재단도 매수신청대리를 할 수 있다.

> **OX** 미등기건물은 매수신청대리 대상물에 해당한다.(○)

② 매수신청대리권의 범위 : '**매수신청**', '**매수신고**', '**입찰**'이라는 단어가 보이면 할 수 있다.

> **OX** 공유자 우선매수신고를 할 수 있다.(○)
> 그러나 매수신청대리인이 된 사건에 있어서 매수신청인으로서 매수신청을 하는 행위는 할 수 없다(남의 것도 입찰서 쓰고, 본인 것도 입찰서 쓰는 것은 못 한다. ⇨ 혀가 꼬인다~).

③ 대리행위의 방식 : 법원에 개업공인중개사가 **직접 출석**해야 한다. 소속공인중개사가 대리 출석할 수 없다(개피곤 개짜증).

④ 대리행위를 할 때마다 대리권을 증명하는 문서(위임장)를 제출해야 한다. 그러나 같은 날, 같은 장소에서, 동시에 하면 하나의 위임장으로 갈음할 수 있다.

⑤ 사건카드 5년간 보존해야 하고, 매수신청대상물확인·설명서도 5년간 보존해야 한다 (사건카드와 매수신청대상물확인·설명서 사본을 철하여 5년간 보존). ⇨ 사건카드와 매수신청대상물확인·설명서 사본을 호찌께쓰로 찍었다.

⑥ 경매에서는 매수인이 부담 및 인수해야 할 사항, 경제적 가치도 확인·설명사항에 해당한다(경 - 경). ⇨ **위임계약 후에** 설명한다.

⑦ 인장은 중개행위에 사용하는 인장을 사용해야 한다.
OX 별도의 인장을 등록해야 한다.(×)

③ 매수신청대리보수

① 매각허가결정이 확정되어 매수인이 된 경우: 감정가 1% 또는 최저매각가격의 1.5% 범위 안에서 합의로 결정한다(감정가 1.5% 또는 최저매각가격의 1%×).

② 최고가매수인 또는 매수인이 되지 못한 경우: 50만원 범위 안에서 합의로 결정한다. ('꽝' 나도 50만원)
상담 및 권리분석에 대한 수수료: 50만원 범위 안에서 합의로 결정한다.

③ 실비는 30만원 범위 안에서 합의로 결정한다. 그러나 통상 비용은 청구할 수 없다.
OX 등기부 열람비용은 보수와 별도로 청구할 수 없다.(○)

④ **위임계약 체결 전에** 보수표와 보수에 대해서 설명해야 한다.

⑤ 매수신청대리 보수영수증을 작성·교부해야 한다. 그러나 공인중개사법령상 중개보수는 영수증 관련 규정이 없다.

⑥ 매수신청대리 보수지급시기: 약정이 있으면 약정이 우선한다. 그러나 약정이 없다면 **매각대금의 지급기한일로** 한다.
예 법원에서 10월 25일까지 매각대금을 납부하라고 하면 10월 25일에 보수를 받을 수 있다.

④ 매수신청대리인등록의 제재

① 결격사유(등록기준 미달)가 전부터 있었으면 절대적 등록취소사유(전부터니까 절.등.취)
② 결격사유(등록기준 미달)가 후발적으로 발생하면 임의적 등록취소사유

> **주의**
> 공인중개사법에서는 결격사유면 절대적 등록취소사유, 등록기준 미달이면 임의적 등록취소사유

③ 사망시에 세대를 같이하고 있는 자가 등록증을 반납해야 한다. 해산시에는 대표자 또는 임원이었던 자가 등록증을 반납해야 한다.

> **주의**
>
> 공인중개사법에서는 사망시에 등록증 반납 규정은 없고, 해산시에 대표자이었던 자가 등록증을 반납해야 한다.

④ 중개업에서 자격정지, 업무정지, 휴업이면 매수신청대리업무도 정지하여야 한다(절대적 업무정지). ⇨ 정정휴

> **주의**
>
> 공인중개사법에서는 절대적 업무정지사유가 없다.

⑤ 업무정지기간은 1개월 이상 2년 이하로 한다(드럽게 길어서 욕나온다~ 2년).

> **주의**
>
> 공인중개사법에서는 업무정지기간은 최장 6개월

⑥ 매수신청대리인 등록이 취소된 때에는 표시 등을 제거해야 하며, 업무정지사실을 출입문에 표시해야 한다(but 공인중개사법에서는 정지면 가만히~).

⑦ 특별한 경우를 제외하고는 법원의 명칭이나 휘장은 사용이 금지된다. 그러나 특별한 경우에는 사용할 수 있다.

⑧ 최근 1년 이내 2회 이상 업무정지처분을 받고 다시 업무정지처분에 해당하는 위반행위를 한 경우 ⇨ 임의적 등록취소사유

> **주의**
>
> 공인중개사법에서는 업무정지가 3번째이면 절대적 등록취소사유

제36회 공인중개사 시험대비 **전면개정판**

2025 박문각 공인중개사
송성호 필수서 2차 공인중개사법·중개실무

초판인쇄 | 2025. 1. 15. **초판발행** | 2025. 1. 20. **편저** | 송성호 편저
발행인 | 박 용 **발행처** | (주)박문각출판 **등록** | 2015년 4월 29일 제2019-000137호
주소 | 06654 서울시 서초구 효령로 283 서경빌딩 4층 **팩스** | (02)584-2927
전화 | 교재 주문 (02)6466-7202, 동영상문의 (02)6466-7201

저자와의
협의하에
인지생략

정가 19,000원
ISBN 979-11-7262-508-5